中国国际友谊

第七卷

国际友谊博物馆　编

文物出版社

责任印制　　张　丽

责任编辑　　贾东营

图书在版编目（CIP）数据

中国国际友谊 . 第 7 卷 / 国际友谊博物馆编 . —北京：

文物出版社，2010.12

ISBN 978-7-5010-3125-2

I . ①中… 　Ⅱ . ①国… 　Ⅲ . ①博物馆学—研究—中国

Ⅳ . ①G269.2

中国版本图书馆 CIP 数据核字（2010）第 246309 号

中国国际友谊

（第七卷）

国际友谊博物馆　编

文　物　出　版　社　出版发行

（北京市东直门内北小街 2 号楼）

http://www.wenwu.com

E-mail:web@wenwu.com

北京宝蕾元科技发展有限责任公司　制版

北京君升印刷有限公司　印刷

889×1194毫米　1/16开本　印张：10

2010年12月第1版　2010年12月第1次印刷

ISBN 978-7-5010-3125-2　定价：48.00元

编 委 会

目 录

工作探讨

展览活动

国礼故事

域外巡礼

图片集锦

国际博协2010年上海大会专栏

编者按:

2010 年 11 月，国际博协第 22 届大会在上海隆重举行，来自世界 122 个国家、地区和国际组织的 3363 名代表齐聚中国，交流博物馆事业发展的成果，探讨共同面对的机遇和挑战。毫无疑问，在世界文化界具有重要影响力的国际博协大会首次选择在中国举办，不但表明中国国际地位的提高，也表明中国博物馆事业发展取得的成就获得了举世公认。2008 年 4 月，国际博协 2010 年大会筹委会北京办公室正式成立，并设在国际友谊博物馆。我馆对办公室的工作一直给予了大力支持。在此我们特辟专栏，以增加读者朋友对这次大会的了解。

站在历史的高度深刻理解举办
国际博协第22届大会的重要性

张文彬

成功举办国际博协（以下简称 ICOM）2010 年上海大会，其政治、社会和文化影响，在很大程度上已远远超出博物馆行业本身，我们要从讲政治的大局和历史的高度深刻认识举办本届大会的重要性和深刻含义。

一、举办ICOM上海大会，是服务于我国推动建设和谐世界外交战略的重要举措。

党的十六大以来，以胡锦涛同志为总书记的党中央高瞻远瞩，审时度势，从当前国际发展潮流和我国现代化建设的实际需要出发，提出了和谐世界的理念。这种理念的核心是积极提倡开放包容的精神，尊重世界各国文明、宗教、价值观的多样性，推动不同文明友好相处、平等对话、发展繁荣。温家宝总理在《政府报告》中也强调，愿与各国人民一道，为推动建设一个持久、共同繁荣的和谐世界而不懈努力。今年召开的中央外事工作会议提出，要把推动建设和谐世界作为我国外事工作指导思想的重要内容和工作任务之一。和谐世界理念成为我国对外政策纲领性的战略主张和最终目标，对我国外交工作全局有着重大而长远的指导意义。2010 年在上海举办的博协大会，将会积极服务于我国外交战略方针。筹委会建议的大会主题"博物馆致力于社会和谐"，突出体现了这一理念，又将积极推动经济全球化背景下国际博物馆界在文化和谐、自然和谐、环境和谐等方面发挥更大的作用。

二、举办ICOM上海大会，是我国文化遗产保护事业实行"请进来走出去"战略的重要机遇。

中华文化源远流长，博大精深，对世界文明进步作出了重大贡献。中国辽阔的疆域、悠久的历史和秀丽的山川，形成了大量珍贵的自然遗产和自然与文化双重遗产资源。保护和利用好这些丰富的人文与自然遗产资源，不仅对增强民族情感、增进民族团结、维护国家统一、弘扬民族文化、改善生态环境、激发爱国热情和丰富人民群众的文化生活具有重要作用，也是世界经济全球化背景下维护和保护世界文化多样性和生物多样性的重要方面。最近中央指出，要统筹国内文化发展和国外文化交流，充分利用民间和官方两种资源，积极实施文化走出去战略，进一步推动中国优秀文化走出国门、走向世界，增强中国文化的影响力。三年一届的国际博协大会，是世界上具有很高知名度和影响力的文化盛会，拥有"国际博物馆界奥林匹克"的美誉，承担举办本届上海大会是我国遗产保护事业实施"请进来、走出去"战略的重要内容和一次难得的机遇。

三、举办ICOM上海大会，是展示中国博物馆事业崭新面貌和在世界遗产保护领域争取国际话语权的重要平台。

得益于国家的改革开放路线和日益增强的综合国力，中国博物馆事业得到迅猛发展，目前已有各类博物馆2500多座，展陈内容几乎涵盖了社会人文和自然科学的所有领域，它们其中有将近三分之二是改革开放三十年来发展和壮大起来的。1983年中国博协加入国际博协以来，通过中国博物馆和博物馆研究者的不懈努力，中国在国际遗产界、博物馆界的专业地位和学术影响不断提升，已经发展成为一支不可忽视的重要力量，此次申办工作的圆满成功已经充分地说明了这一点。我们要通过举办这次世界性的博物馆大会，向世人特别是世界遗产界展示中国博物馆的最新发展成就，进一步加强与国际博物馆行业组织的交流与合作，为中国博物馆界争取更多的国际话语权、为反映和表达中国博物馆的诉求、为提升中国博物馆在国际博物馆界的地位，进而为维护国家利益作出贡献。

四、举办ICOM上海大会，是进一步提高中国博物馆和博物馆学研究国际化水平的需要。

二十多年来，中国博物馆事业取得了令人瞩目的发展和进步，但同时也应当承认，相比较于世界上一些发达国家，中国近代博物馆发展的历史还比较短。与其他文化事业一样，目前中国的博物馆正处于一个重要的战略机遇期，但如何把握和利用好这个机遇期，我们还面临着不少挑战和困难，例如先进国家博物馆办馆理念、科学的规划设计、有效的管理体制和机制、体现人文关怀的观众服务等。如何"洋为中用"，借鉴吸收其积极成果与中国国情和历史文化相结合，变为中国化的东西，都是亟待我们加以分析和研究的。博物馆是历史的、民族的，博物馆也是现代的、世界的、善于交流与沟通的，每一个国家的博物馆都有自己的优势和长处，需要在世界博物馆发展的宏观背景中去思考、去规划。相互学习和借鉴是推动我国博物馆事业发展的必要条件，需要我们以更加开放包容的心态和更加开阔的视野，进一步扩大与其他国家博物馆的交流与合作，充分吸收别国的积极成果，充分借鉴国外博物馆发展的有益经验，使我国的博物馆事业又好又快的发展。事实也证明，中国博物馆在二十多年的国际化进程中受益匪浅。成功举办 2010 年的博协大会无疑将进一步提高中国博物馆和博物馆学研究的国际化水平。

五、举办ICOM上海大会，是中国为推动国际博物馆共同宗旨和价值体系的实现而作出的重要贡献。

改革开放以来，我国高举和平、发展、合作的旗帜，提倡新文明观，强调不同文化国家相互尊重包容，相互学习，共同进步。中国博物馆事业的发展，深深地植根于中国深邃的文化传统，在向国外学习的同时，形成了许多具有民族特色、符合中国国情的博物馆理论和实践经验。2010 年的博协大会，可使来自世界不同地域、文化和专业背景下的同行研究共同的挑战和问题，分享专业成果，共创博物馆专业美好的未来，使国际博协这一世界上具有重大影响的非政府机构能够更加接近其"为社会和社会发展服务"的根本宗旨，更有效地实现其"推动博物馆和博物馆专业在世界范围内发展与进步"的核心价值，彰显中国作为国际文化体系的参与者和建设者，以及作为国际社会负责任大国的风范和作用。

六、举办ICOM上海大会，是展示中国改革开放三十年辉煌成就和上海市和平、民主、文明、进步的良好国际形象的重要窗口。

有人说，北京奥运会是中国入世后打出的巨型广告，是一个向全世界展示中国自身形象的机会。的确如此，北京奥运会向世界展示了自己美好的形象，同样上海世博会也会向世界展示自己的辉煌成就。上海是我国改革开放三十年来快速发展的一个缩影，是中国和平、民主、文明、进步国际形象的重要代表。上海世博会将充分展示城市文明成果，交流城市建设经验，传播城市发展理念，探讨城乡互动发展，探索新的、更好的人类居住、生活、工作模式。而文化是一座城市发展的灵魂，是城市建设的题中应有之义。所以 ICOM 大会在上海的召开既要看做是上海世博会的重要组成部分，又要看做是它的延续和发展。事实亦然如此，上海文化遗产保护事业是这种良好的国际形象的一个重要的侧面。至 2007 年底，上海已有各类博物馆 110 座。正在实施中的上海有关文博行业的发展规划设想，到 2010 年，上海区域的博物馆建设能够初步形成"一个中心，三圈环璧"和"十一大文物博物馆特色区块"的格局。此外，本届博协大会召开的时间适逢 2010 年上海世界博览会之后不久，我们建议的大会主题"博物馆致力于社会和谐"与世博会的主题"理解、沟通、欢聚、合作"的理念和"以人为本"的目标追求有众多相似之处,两会可以做到互利共赢、相得益彰。两会先后在上海举行,将成为全方位展示上海作为中国改革开放窗口在政治、生活、文化、社会全面发展过程中取得的巨大进步,从而提升我国和平、民主、文明、进步的良好国际形象。

总之,我国是一个具有悠久历史文明和光辉灿烂文化的文明古国,是世界人类文明发祥地之一。我们也是世界上最大的发展中国家,成功实现了从高度集中的计划经济体制到充满活力的社会主义市场经济体制,从封闭半封闭到全方位开放的伟大历史转折,政治、经济、文化、社会建设也都取得了举世瞩目的发展成就。世界需要了解中国,中国也需要了解世界。这种相互了解是全方位的,不仅要了解中国经济的发展,而且要了解中国文化、中国社会建设状况,才能真正了解中国。ICOM上海大会的召开,必然给世界了解我国社会全面发展提供重要平台,也必将加快中国博物馆走向国际化的进程。

(作者系中国博物馆协会名誉理事长)

国际博协第22届大会主题说明

国际博协2010年大会筹委会专家组

经国务院批准，国际博协 2010 年大会于 2010 年 11 月 7 日至 12 日在中国上海召开。大会的主题是"博物馆致力于社会和谐"（"Museum for Social Harmony"）。之所以确定这个主题，主要基于以下原因：

1. 关注世界形势和人类生存状态。

进入 21 世纪，人类面临的最突出的问题是环境恶化与文化冲突，如何协调各种文化之间及人类与自然的矛盾，成为当今世界最紧迫的任务。在这种形势下，社会和谐，包括人与自然的和睦共处及文化间的信任与包容，成为全人类普遍的愿望，具有普世价值。本主题充分关注全球化、现代化和信息化对社会生产、管理模式和民众生活的影响，以及自然及生态环境对人类社会可持续发展的重要作用。

2. 与国际博协战略目标的一致性。

博物馆在其定义中将自己界定为"为社会及社会发展服务的永久性机构"。国际博物馆协会强调博物馆在参与社会变革中负有责任，并呼吁各国博物馆通过与非传统合作伙伴的互动，探究当代热点时事。在 2008 ～ 2010 年战略规划中，国际博协吁请关注生态环境破坏对人类的影响，以及对文化多样性重要性的理解。"社会和谐"概念的提出，直面当今世界生态破坏和文化冲突导致社会失和的现实，表达了通过自己的努力来缓和冲突，建立和睦关系的良好愿望，既体现了博物馆对社会的责任，也与国际博协的战略目标完全一致。

3. 对博物馆行业特征的适应性。

相比之下，"博物馆致力于社会和谐"的主题与博物馆文化特征及社会功能具有特别好的契合性，是博物馆能扮演最佳角色的一个领域。从人类社会的角度看，社会和谐表现为人群间、社会间和文化间的互相信任、互相包容与良性互动。互相信任源自互相理解，互相理解来自于互相了解，互相了解又是建立在沟通与对话基础上的。博物馆作为一种社会文化机构，是文化间互相沟通的组织化程度较高的平台和窗口，是理想的文化交流使者。通过客观展示各种文化的历史与现实促进文化间的沟通、对话与了解，能在一定程度上帮助消除由于隔阂和误解造成的文化冲突；从人与自然的关系看，博物馆采用非专业方式普及自然、生态、环境的相关知识，它们与人类生存的关系，以及人类活动可能造成的对生态及环境的破坏，是提高全人类自然保护意识的理想方式，对促进人与自然和睦共处大有裨益。

4. 带有东方文化色彩而使大会具有个性。

"和谐"是一个充分体现东方式哲学与文化观的概念。主张"以和为贵"和"天人合一"的中国哲学既强调人与自然的和睦共存，也追求人类自身的和平共处。在儒家的和谐学说中，"和"不是无原则的迁就与姑息，而是一个多元互动的生动过程。孔子说"君子和而不同，小人同而不和"。"和"的内涵是对话、包容、共存和发展；和谐的前提是多元、差异、竞争和创新；其价值观是"和而不同，求同存异"。这种哲学与当代西方学者追求的理想具有一致性。他们指出，科学技术在促进社会进步的同时，也带来了对环境、文化的破坏，造成了新的不平等，以新式奴役取代了老式奴役，特别是城市的污染和科学的盲目，给人们带来了紧张与危害，将人们引向核灭亡与生态的死亡。他们提出人类需要一个多极均势的"社会世界"，一个文明开化、多元发展的联盟。要达到这个目的，人类精神需要发生一次"人类心灵内在性的巨大提升"。致力于社会和谐的主题，既体现了东方哲学的特色，也反映了具有普世性的人类诉求。

5. 具有进一步深入拓展的广阔空间，可以转化为许多相关的分主题，有助于推动大会的深入。在这个主题下，可以形成个体与群体，群体与群体，以及人类与自然等不同层面的分主题，并涉及现代化、全球化、信息化、技术主义、文化生态变迁、文化遗产保护、网络文化等各种当今世界关注的社会现象，从而使来自不同地区，带有不同动机的与会者都能找到自己关心的话题。

博物馆致力于社会和谐，旨在通过自己的努力，增进文化间交流、对话和理解，减少各种有碍社会和谐的消极因素，使人类生活在更加和睦与和平的环境中，同时也为自己争取更有利的生存条件。这里所说的"社会和谐"包含着几个不同的层面，包括个人的全面发展，民族国家内部各种人群与文化的和睦共处；以民族国家为背景的文化间的和睦共处；以宗教信仰为背景的各种文化间的和睦共处，以及人类与自然的和睦共处。博物馆在这些不同的层面都可以发挥自己的影响与作用：

首先，促进人的全面和谐发展。

社会成员是构成社会的基本细胞，他们能否全面和谐地发展，对社会和谐具有基础性的意义。博物馆通过努力帮助社会成员更全面、更和谐地发展，是其致力于社会和谐的重要方面。这方面一个显例是，在工业社会细密分工的背景下，社会成员的知识与技能通常局限在极其专精但过于狭窄的领域，这种高度专业化为其生存提供了保障，却使其可能成为对其他知识领域与生产领域知之甚少甚至一无所知的人，一种视野与志趣狭隘的人。当一个社会仅由这样的专业人才构成，社会成员之间会因缺乏相互间的理解和共同的语言而变得难以交流。在这种状态下，要达到社会的和谐是很困难的。各种类型的博物馆通过提供样式与内涵极其丰富多样的展览，用直观浅显的非专业方式向人们介绍社会各学科领域和生产部门的相关知识，有助于人们从狭窄的专业圈子中摆脱出来。

第二，现代化与全球化进程中文化特性和文化记忆的留存。

现代化过程是一个新技术体系不断取代旧技术体系，新生活方式不断取代旧生活方式的过程，这种经济的与社会的变迁导致传统生存方式及其文化的失落；另一方面，在全球化进程中，发达国家的技术与文化对欠发达国家具有强大的渗透力，在其猛烈冲击下，后发展国家传统的技艺与文化迅速成为明日黄花，这就是今天许多国家与地区非物质文化所遭遇的窘境。这种情况不仅在社会内部造成现代与传统，外来文化与本土文化的冲突，而且很容易导致民族文化特性与文化记忆的失落。博物馆显然不能改变文化生态变迁的潮流，但在现代化与全球化的进程中完整系统地保存传统文化特性与文化记忆，并在一定程度中协调其发展，则是值得博物馆为之努力的。

第三，帮助人们更深入理解文化多元性的重要性及多元文化和谐共存的必要性，为文化间的沟通与理解提供平台。

随着社会的变革，不同群体的文化特质得以彰显。技术与文化变迁的不平衡性，加剧了文化和价值观的多样性及其矛盾。其突出的表现是各种亚文化的形成及其与主流文化的冲突。主流文化与亚文化并非一成不变，在一定的场合下可以互相影响、渗透甚至转化。文化之间的复杂关系造就了丰富的文化生态，但也可能由于剧烈冲突破坏社会和谐。博物馆努力促进各种文化的表达与对话，有助于和谐文化的建设，加强社会的凝聚力。

另一方面，在国际社会舞台上，以民族国家及宗教为背景的文化冲突成为21世纪突出的现象，它们有时与以利益为中心的国际争端纠缠在一起，起着推波助澜的作用。博物馆较强的人类性与较弱的意识形态的特点，使它能较好地扮演文化间交流使者的角色，通过对各种文化历史与现状的客观介绍，增进人们对不同文化的理解，从而在一定程度上消弭因隔阂与误解造成的矛盾，使各种不同的文化能更好地和睦相处。

第四，普及环境知识，全面客观地介绍人类与自然关系的历史与现状，唤醒人们注意自然及生态环境对人类社会可持续发展的重要作用，加强自然与生态保护意识。

人与自然的和睦共存既是社会和谐的重要部分，也是社会和谐的必要前提。除了自然运动自身作用外，人类盲目的开发活动以及对科学不合理的滥用，也是生态环境破坏的重要原因。帮助人们更清醒地了解人类与自然的关系，更自觉地维护生态平衡，保护自然资源，也是博物馆致力于社会和谐的重要方面。

"和谐世界"与中国特色外交

吴兴唐

"和谐世界"既是我国适应和平与发展时代主题的国际战略，又是新时期中国特色外交的指导理论；既同 60 多年来我国外交基本路线一脉相承，又是新时期我国外交的理论创新；既继承了中华文明的优秀传统，又吸收了西方文明的合理内核；既有深远的历史意义，又有现实的指导意义。

中国作为迅速发展起来的世界上最大的发展中国家需要国际战略思维。这种战略思维来源于实践，并指导实践和在实践中不断丰富其内涵。2005 年 4 月，胡锦涛主席在雅加达亚非峰会上提出推动建设和谐世界的主张。同年 9 月，胡锦涛在联合国成立 60 周年首脑会议上，明确地阐述了和谐世界的理念，标志着中国外交进入了一个新的阶段。它与我国国内经济与社会发展中提出的以科学发展观为核心的建设和谐社会理论一起，构成了我国新时期的新战略思维。推动建设和谐世界的主要目标是实现世界持久和平与共同繁荣，在国际关系中弘扬民主、和睦、协作、共赢精神。和谐世界体现的中国国际战略是：为我国经济和社会发展创造一个和平稳定的国际环境，并使我国在国际舞台上发挥重要作用和作出更大的贡献。

一、提出推动建设和谐世界是时代的要求。

冷战之后，我们的时代向着和平与发展方向推进。两极体系解体后，国际关系发生复杂变化，国际形势不确定性增加，突发事件频繁，地区冲突和局部战争不断。但同时，和平、发展、合作已成为世界的大趋势，大国之间、发达国家与发展中国家虽然存在各种矛盾，但在经济与安全领域的共同利益日益增多。因此，求和平、谋发展、促合作已经成为不可阻挡的时代历史潮流。胡锦涛同志提出推动建设和谐世界正是顺应了世界发展的这一大潮。和谐世界战略思维，把中国和世界紧密地联系在一起，把中国人民的利益和各国人民的根本利益联系在一起。根据时代发展的要求，依照和谐世界的理念，中国同世界各国将会"共同分享发展机遇，共同应对各种挑战"。

当今世界正处在大变革大调整之中，具有以下几个方面新的特点：

1. 世界力量对比发生很大变化，国际格局多极化深入发展，正进行冷战后的"第二次洗牌"。这增加了大国关系的不确定性，引发多种矛盾和摩擦。然而力量对比的变化形成一种力量比较均衡的状态，增加了相互制衡态势。这种态势有利于世界和平与发展的主流，成为推动构建和谐世界的重要政治基础。

2. 在经济全球化全面发展的引领下，世界经济格局发生深刻变化。以"金砖四国"（中国、俄罗斯、印度和巴西）为核心的"新兴经济体"的兴起，正在打破旧的平衡而形成新的平衡，经济相互依附性增强，竞争激烈，合作共赢仍是主流。这就成为推动构建和谐世界的重要经济基础。

3. 对文明的差异性处置不当会带来矛盾甚至冲突。近几年来，国际社会逐渐形成这样一种共识：世界各种文明之间既有差异性又有共同性，应当尊重这些文明的多样性，求同存异，相互借鉴，共同促进人类文明繁荣进步。这就成为推动建设和谐世界的文化基础。

4. 传统安全威胁与非传统安全威胁相互交织。各国特别是大国都在增加军备，核扩散危险增加，恐怖主义活动十分猖狂。但同时大国的军事战略互信在增加，缓和地区冲突和解决热点问题已形成各种国际性和多边性的协调机制。新安全观已得到广泛承认，国际安全合作正在加强。这就成为推动建设和谐世界的安全基础。

5. 人类面临的共性问题越来越多。特别是环境污染问题已成为国际性重要议题。最近两年来已经召开了多次地区性和国际性会议，达成了一定的共识，相互帮助、协力推进的国际合作已在多领域展开。这就成为推动建设和谐世界的环保生态基础。

战略思维包含国内国际两个大局，要统筹好这"两个大局"。形成这一思想的出发点是中国的前途命运日益紧密地同世界的前途命运紧密相连，中国的发展离不开世界，世界的繁荣稳定也离不开中国。

建设和谐世界是我国国内构建以科学发展观为核心的和谐社会的必然的外部延伸。和谐社会与和谐世界，一个对内一个对外，有内在的统一性，统一在"和谐"两字上。和谐社会要求国内全体人民按照民主法治、公平正义、诚信发展、充满活力、安全有序、人与自然和谐相处，为发展提供良好社会环境。和谐世界要求各国共同推进国际关系民主化，共同推动经济全球化朝着均衡、普惠、共赢方向发展，共同促进人类文明繁荣进步，共同维护世界和平稳定，共同呵护人类赖以生存的地球家园，同时也为我国经济和社会发展创造一个良好的国际环境。和谐社会与和谐世界又是互为条件的。中国的发展与世界的发展是互动的。中国同世界的关系从来没有像现在这样密切过。经济全球化的深入发展是中国经济连续十几年快速发展的外部条件，而中国的发展又使经济全球化向均衡和健康方向发展。中国综合国力的增强已经成为世界经济增长的主要推动力之一。

二、提出推动建设和谐世界是对毛泽东、邓小平外交思想的继承与创新。

60 年多来，新中国外交走过了一条不平常而又辉煌的道路。虽然她的外交政策始终是随着国际和国内形势发展变化而进行调整，然而却有一条红线贯穿始终，这就是独立自主的和平外交政策。

新中国成立早期，就确立了独立自主的和平外交政策，倡导了和平共处五项原则，支持亚非拉各国人民争取民族解放和独立的斗争。这一政策导致我国在20世纪70年代初期恢复了在联合国的合法席位，并同美国等西方发达国家广泛建交。与此同时，中国一贯主张以和平协商的方式解决地区和国际冲突，反对帝国主义和霸权主义的战争政策，反对两个超级大国军备竞赛和争夺世界霸权，维护地区稳定和世界和平。这就为当代中国积极参与国际事务打下了坚实的基础。

20世纪80年代之后，邓小平根据国际形势的变化，对"时代主题"作出了重新定义，认为它已经由"战争与革命"转变到"和平与发展"，从而形成我国对外战略思想的重大调整。他提出，"和平与发展"已经成为当今时代的两大主题；由于各种因素的制约，新的世界大战是可以避免的；我国应充分利用这一时机来发展自己，把工作中心转移到经济建设上来。基于这一认识，他积极主张对外开放，加强同发展中国家的友好来往，特别是积极发展同西方发达国家的经济贸易关系。邓小平还发展了和平共处思想，提出国家关系中的"利益关系"问题。他指出，国与国之间关系要处理得好，就应"着眼自身长远的战略利益，同时也尊重对方的利益，而不去计较历史的恩怨，不去计较社会制度和意识形态的差别，并且国家不分大小强弱都相互尊重，平等相待"。毫无疑问，和谐世界理念是从邓小平的"和平与发展"战略思维发展而来的。

理论的活力在于创新。进入新世纪，我国面临新的机遇与挑战，而机遇大于挑战，我国需要把握住这个千载难逢的历史机遇。这种形势的发展又呼唤新的国际战略思维。目前，世界正在发生"两大变化"：国际形势处在广泛而深刻的变化之中；中国社会处在广泛而深刻的变化之中。这"两大变化"的结果是，当代中国同世界的关系发生了历史性变化。无论是"中国奇迹"，还是中国在发展中遇到的问题，或者对中国的前途命运的判断，国际社会都予以极大关注。中国的国际地位和作用，成为人们经常议论的一个题目。"中国因素"连续发酵，国际社会议论纷纷，褒贬不一。中国的迅速发展，一些国家特别是西方大国存在"战略恐惧"，认为中国变得太强大最终将威胁其他国家。和谐世界理念的宣示，将使中国的和平发展和中华民族的伟大复兴得到世界的广泛理解与支持。推动建设和谐世界的崇高理想是中国和平发展道路的目标之所在，也是争取世界持久和平及共同繁荣必由之路。推动建设和谐世界是漫长而曲折的历史过程，需要中国人民和世界各国人民共同努力奋斗。

三、提出推动建设和谐世界渊源于中华传统文化，同时包含西方文明的合理内核。

几千年来，中华民族有过强盛，也有过屈辱，但对人类发展的前途始终充满信心与期待。"天下太平"、"天下为公"、"四海一家"是中华民族的崇高理想。中国历史上有过的强盛，其原动力在于自身发展，而不是依靠对外掠夺。这是由于我们民族在几千年的历史长河中，所形成的政治文化是"提倡王道"、"反对霸道"。对待外来文明，我们民族崇尚交流、合作与融通，主张兼容并蓄。

"和谐"是中华优秀文化的精华积淀，"和谐"一词有着浓厚的中国文化底蕴与内涵，"和合文化"在中国源远流长。"和"、"合"均见于甲骨文和金文。老子、孔子、墨子、荀子等先秦诸子都有关于"和"或"和合"的论述。因此，"和合"概念在先秦时期就基本形成。从字义上来说，"和"的本字为"龢"，是声音和谐之意，"合"本义是上下唇的合拢。《易经》中"和"字有和谐、和善之义。《尚书》中"和"是指处理社会关系和人际关系的原则，"合"指相合、符合。《国语·郑语》将"和"与"合"连接在一起，成为人们安身立命的道德文化。汉唐时期，"和合"理念同从印度传入的"因缘和合"的佛教文化相结合，成为中华文化的主流。从"和合"到"和谐"，中国古典文献中有"和合故能谐"之说，表明"和合"是实现"和谐"的途径，"和谐"是通过"和合"所要实现的理想目标。

就对外关系而言，中国历来秉承民族的传统文化，主张亲仁善邻，讲究和睦相处。"和为贵"、"协和万邦"，从文化道德原则发展成为对外关系的原则。改革开放30多年来，我们更是高扬"和平"、"和解"、"和融"、"和合"、"和谐"的旗帜，在处理同各国关系时突出一个"和"字。"和平发展"成为中国外交总纲，坚持"和平共处五项原则"，坚持"独立自主和平外交政策"，"发展和睦友好的周边关系"。

"和谐"包含"和而不同"与"求同存异"，和谐世界并不抹杀矛盾和忽视分歧。"和而不同"就是在承认多样性、差异性和不同性的前提下，不用武力和战争，而用和平协商与外交谈判的方式解决矛盾和冲突，实现国际关系的和谐发展。在协商与谈判过程中，本着"求同存异"精神，互谅互让，把不同点暂时放在一边，达成谅解与妥协。

西方文明同东方文明一样，有其消极面和积极面。以积极内核而言，从柏拉图的"理想国"、托马斯·莫尔的"乌托邦"，到空想社会主义的"世界和谐"、"普遍幸福"观念，再到马克思主义经典论述，都表达了人类对社会和谐发展的向往和对人的自由与解放的追求。从"文艺复兴"以来的欧洲文学家、哲学家、音乐家和艺术家的作品，都散发着"人文主义"精神，其重要的思想内容就是"和谐"、"协和"与"宽容"。

这一切表明，我们现在提出的和谐世界理念融和了东西方文化的优良传统思想。

四、提出推动建设和谐世界展现了新时期中国特色外交。

中国作为发展中的社会主义大国，外交向来具有自己的特色。面对历史发展新时期，在和谐世界战略思维的指导下，中国正在建立和发展符合新时代特征的新的中国特色外交。新时期的中国外交主要有以下特色：

第一，高举"和平、发展、合作"的旗帜。争取世界持久和平及人类社会共同发展与繁荣一直是我国外交的主要目标。现在加上"合作"，具有重要现实意义。世界不平静，充满矛盾和斗争，但合作已成为各国人民的共同愿望。我们提倡的合作，不仅指我国同各国之间的合作，也希望世界各国以及各国人民之间都加强合作。我们提倡的合作，包含政治、经济、军事、文化各个领域。我们主张，通过多层次、多渠道的合作，达到共同发展的目的。

第二，经济关系遵循"互利、合作、共赢"的方针。世界经济全球化正在深入发展，各国经济相互依存度增加，你中有我，我中有你。依存度增加带来共同发展的机遇，也必然会引起经济矛盾和贸易摩擦。在国际经济关系中奉行"互利、合作、共赢"的原则，按照国际通用的规则通过谈判解决矛盾和分歧，这不仅有利于各国经济的自身发展，达到"共赢"目的，同时又有利于世界经济全球化朝着均衡、普惠的方向健康发展。

第三，推动国际关系民主化积极发展。国际关系民主化的原则，要求各国不论大小、贫富和强弱都一律平等，都有平等参与国际事务、发表自己看法和主张、维护自己正当利益的权利。冷战之后，美国成了唯一的超级大国，推行单边主义和霸权主义，并依靠军事打击和强权政治实现其战略目标。这是造成世界不和谐的重要原因之一。推动国际关系民主化的现实要求是：坚持和强调和平共处五项原则，国家关系的发展与亲疏不应以社会制度和意识形态来画线，提倡在国际交往中相互信任，相互尊重和平等相待。

第四，提倡"互信互利、平等协作"的新安全观。进入新世纪，由于国际形势的深刻变化，国际社会需要抛弃冷战时期的旧安全观，形成新的安全观。我国积极参加新安全观的建设，为世界和地区的稳定与发展，为我国的经济建设和改革开放提供安全保障。我国主张以互信、互利、平等和协作为核心内容的"综合安全"、"共同安全"和"合作安全"。

第五，倡导开放和兼容并蓄的新文明观。人类文明在其发展历程中，因地区和民族的不同而形成差异性和多样性。有了文明的多样性才使我们这个世界丰富多彩。冷战之后，有人强调"文明冲突"，强制推行西方文明和价值观，排斥其他类型的文明。中国主张尊重世界文明多样性，尊重各国人民自主选择社会制度和发展道路的权利。中国主张不同文明之间对话与交流，以平等和开放的精神，使不同文明在竞争比较中取长补短，在求同存异中共同发展。

第六，积极参加国际和多边的外交活动，承担相应的国际义务。经济全球化以及科技与信息的发展，使国际活动十分频繁。为适应这一形势的新发展，我国对外活动从侧重双边关系发展为双边外交与国际外交并重。近年来，我国积极参加了世界政治、经济贸易、共同安全、环境保护、公共卫生和文化等各个领域的国际会议和国际活动，参加联合国和世贸组织机制内的各种协调与谈判，平等对话，提出建议，同其他国家一起共商世界大事和人类面临的共同问题。我国还为和平协商解决地区冲突和热点问题作出了独特的贡献。

第七，营造良好的周边环境。建立和发展同周边国家的良好关系已成为我国外交工作的重点。我国参与倡导和积极活动的上海合作组织，是我国参加的第一个多边地区性合作组织，意在共同打击恐怖主义、民族分裂主义和宗教极端势力，共同维护这一地区的安全与稳定。中日战略互惠关系的确立与发展，为亚洲地区经济合作打下了良好的基础。在东南亚，中国与东盟发展战略伙伴关系，为建立和平、繁荣、进步的东亚共同体创造了条件。中国与印度、巴基斯坦和孟加拉等南亚国家积极发展友好关系。

第八，积极推动国际秩序朝着更加公正合理的方向发展。现在的国际秩序，包括国际制度和国际机制存在着不合理和不公正的一面，但随着发展中国家国际地位的不断提高，这种状况正在发生一些变化。我们对现行的国际秩序、国际制度和国际机制，不要求推倒重来，另起炉灶，而是积极参与其中，特别是争取参加新的国际规制和"游戏规则"的制订。我们一方面应遵循联合国的宪章宗旨和原则，遵守国际法和公认的国际关系准则，按照通行的国际经贸规则，依法保护合作者利益，同时对旧的国际机制运行中所存在的不合理和不公正方面，提出调整和改革的建议，推动国际秩序朝着更加公正合理的方向发展。

总之，建立和谐世界既是我们长远的奋斗目标，又是我国当前外交实践的指导思想；既需要推动各国共同努力和积极参与，又要我国作为倡导国而带头实施。

（作者系中国当代世界研究中心研究员）

我国博物馆管理体制问题与对策建议

张　健

目前，我国已经形成了以国家级博物馆为龙头、省级博物馆和重点行业博物馆为骨干，国有博物馆为主体，非国有博物馆为补充，各行业和各种所有制博物馆各具特色、丰富多彩的新格局。全国博物馆以完善的体系、丰富的藏品、新颖的陈列展览、多种形式的社会教育活动、活跃的学术气氛、丰硕的研究成果、日益提高的科学管理和现代化水平而为人称道。不少博物馆在硬件方面不仅国内一流，而且世界领先。[①]与此同时，我国博物馆宏观管理体制以及因此而形成的内部管理问题也日益显现出来，主要表现在设立主体多元化、融入社会程度不高、实现博物馆的宗旨和目标的能力不强等方面，成为制约博物馆事业发展的主要障碍，而这些问题又源自长期以来形成的宏观管理体制和内部管理方式。

本文拟通过总结和分析我国博物馆宏观管理体制以及因此而形成的博物馆内部管理方式、组织结构等方面存在的问题，就管理体制和管理方式的改变提出初步建议。

一、我国博物馆宏观管理体制和内部管理现状

（一）博物馆宏观管理体制现状

我国博物馆的管理体制是在国家计划经济体制下移植苏联的管理体制而形成的，全国博物馆在一个比较统一的体系内集中管理，体现了计划经济下管理的统一与集中。其最明显的特征是各级政府机构对博物馆实行建立上下级关系的行政方式管理，博物馆经费拨交、业务活动计划安排、人员任免甚至文物定级、职称评定等，都由国家管理机构用行政手段统一管理，权力配置十分集中。[②]这种在计划经济体制下形成的宏观管理模式，在我国博物馆事业的发展过程中确实起到过很大的促进作用。

时至今日，我国博物馆的管理出现了多元化，但博物馆的宏观管理仍然延续了计划经济体制下形成的管理模式，大多数博物馆采用的外部管理体制属于以分级属地化管理为主、文物行政部门行业主管与多元主体分散化事务管理相结合的体制。这样的宏观管理体制将博物馆作为社会发展的标志性设施和宣传教育机构纳入了社会发展计划，博物馆的数量、类型、规模、工作目标和职能都由政府行政管理部门规定，经费由政府财政拨款，工作人员属于政

---

① 国家文物局编：《中国文物事业改革开放三十年》，文物出版社，2008 年 11 月。
② 苏东海：《博物馆的沉思——苏东海论文选》（卷二），文物出版社，2006 年 7 月。

府行政事业单位编制。因此，博物馆只要完成行政主管部门下达的工作任务，就可获得相应的工作经费并生存下去。目前我国博物馆管理体制的明显特征在《中国文化遗产事业发展报告（2009）》中有清楚的表述。①

首先是分级属地化管理。我国博物馆的管理体制以国家管理博物馆事业的行政管理体制为核心，从国务院主管部门到县级以上人民政府主管部门，形成了层次分明、纵向的分级管理结构，不同层级的主管部门拥有不同的管理权限，实现了对博物馆行业的条状垂直管理，体现了管理的系统性和专业性。除国务院主管部门以行业管理方式管理全国博物馆事业外，省级以下的文物主管部门以行政区域为单位，将行政管理权进行了层级分配，形成了鲜明的属地化管理特征。

其次是管理主体多元化。在国家行政管理体制下，由于设立主体不同，我国博物馆管理主体呈现多元化状态。相当数量的博物馆由各级文物（文化）系统以外的政府部门、大专院校、科研院所、行业协会或者企业乃至公民个人设立，其人、事、物、财权都独立于博物馆主管部门，仅在法规上接受主管部门的行业指导和监督，呈现出博物馆多头管理和分散化管理的特点。由于设立主体多样化且许多设立主体与文物（文化）系统这样的公益性社会事业管理部门有较大区别，使博物馆的管理体制更加复杂。

第三是衍生于博物馆设立主体多元化的公私所有制并存。由于我国在博物馆事业发展上采取的是"鼓励个人、法人或其他组织设立博物馆"、"鼓励博物馆多渠道筹措资金，促进自身发展"和"鼓励和支持非公有资本进入"的政策，②促进了博物馆设立主体的多元化，使得营利性、非营利性社会力量乃至公民个人都可以根据国家的有关规定设立博物馆，增大了博物馆事业用同一套体制统一管理的难度。而对非国有博物馆的管理，基本上还是空白。

（二）博物馆内部管理现状

1. 行政化的管理方式

宏观管理体制决定和影响了我国博物馆的具体管理行为和方式，特别是国有博物馆几乎成了上级行政机关的延伸和附属物。主要表现在：博物馆（包括行业博物馆）的人、事、物、财权等无不在国家行政机关依据政策规定的严格控制下，甚至具体到管理方式、用人方式和经费支出方向，从而形成了整体对"上"负责的局面；博物馆的主体业务工作需要通过立项并经过上级行政机关审批才能列入国家财政预算，否则就无法开展相应的工作。

博物馆是法人单位，根据现行领导和管理制度，实行民主集中制原则下的集体领导，并要接受党组织和群众的监督。由上级行政机关任命的博物馆馆长、副馆长、馆长助理，首先

① 刘世锦主编：《中国文化遗产事业发展报告（2009）》，社会科学文献出版社，2009年12月。
② 《博物馆管理办法》、《博物馆条例》（征求意见稿）以及2005年8月国务院发布的《关于非公有制资本进入文化产业的若干决定》中都有相关规定。

是需要对上级任命机关负责，并在极端情况下陷入内部管理权限和利益的矛盾和冲突中。在实际工作中，更多强调的是民主，但如果出现问题则又要馆长负责，所谓集体负责往往变成一句空话，责任与义务不能统一。在虽然实行了分配制度改革和岗位设置但形式上仍然是"大锅饭"和"铁饭碗"的机制下，不能对下属部门的机构设置、负责人配备和工作人员的调动、去留行使任何职权。这样的管理环境加之政治体制、政策、法律环境以及社会的认知和博物馆工作者的素质，影响了博物馆的活力，对博物馆开展各项业务工作形成制约，使博物馆的运作方式更像是一个行政机关，不可避免地影响了博物馆更好地承担起应尽的社会责任。

2. 三部一室制组织结构

在微观管理体制下，我国博物馆长期以来通行的是由保管部、陈列部、群工部和行政办公室组成的"三部一室"制。"三部一室"的设立开始于学习苏联博物馆模式的20世纪50年代中后期，70年代后期则成为全国大中型博物馆部门设置的基本模式和小型博物馆部门及岗位设置的参照标准。[1]这种具有浓厚的计划经济体制的内部组织结构，现仍广泛存在于我国博物馆体系内。其出现的原因应该归结为政府行政主管部门为博物馆制定了明确的职能范围，即"文物标本的收藏机构，研究机构和宣传教育机构"，而"三部一室"恰恰是博物馆为了完成政府行政主管部门规定的任务而有针对性地设立的。"三部一室"制在新中国博物馆的创立阶段发挥了重要作用，作为一种较为规范的部门设置为我国博物馆工作规范化作出了贡献。这种模式的特点是博物馆内部按专业划分部门，强调分工合作，协同完成工作任务。其长处是业务界限清晰，专业化程度高，而缺点在于因业务分割而形成脱节。近年来，我国有些博物馆试行业务一条龙体制，即保管、研究、陈列三位一体化，西方博物馆多也采取类似体制。

建立在专业化和分工基础的上"三部一室"制，强调了分工的重要性，并在保管、研究和陈列部门之下又设分支机构，管理层阶多，管理成本大，主要部门各自为政、画地为牢，造成博物馆的资源紧张。在计划体制下，博物馆根据上级行政管理部门的指示开展工作，要完成任务必须依靠保管、陈列、群工等业务部门，它们成为博物馆中最具影响力的内设机构。而且，"三部一室"制注重部门职能的实现而不重视工作效益，成为博物馆内部管理规范而机械的模式，充分体现了计划经济体制的影响。

不合理的机构设置造成职权和业务的矛盾和扯皮，影响了博物馆事业的发展和管理目标的实现。是否应该继续实行"三部一室"制，在我国博物馆界还存在很大分歧，或认为该体制已很难适应当前博物馆工作机制，是造成博物馆工作中许多矛盾的根源，需要彻底改造；或认为它体现了博物馆的基本职能，尚可沿用，但必须对各业务部门的工作范围和工作要求

---

[1]　文化部文物局主编：《中国博物馆学概论》，文物出版社，1985年12月出版。

进行调整。近年来，一些博物馆或根据上级主管部门有关改革的要求，或出于解决本馆管理中遇到的问题，被动或解困式地对沿袭已久的"三部一室"制进行改革，并希望以此促进博物馆改革整体目标的实现。但博物馆不仅要解决当前面临的问题，更要根据发展趋势、发展目标，建立有发展意识、为博物馆发展奠定基础的内部组织，特别是要与市场经济环境结合起来，否则，任何其他形式的调整都不会从根本上解决目前我国博物馆普遍存在的问题。

二、对发达国家博物馆宏观管理的考察

（一）美、英、法三国的博物馆宏观管理模式

1. 美国的提供便利者和董事会制

美国博物馆从 19 世纪下半叶起，一直在世界博物馆发展中居于领先地位，现有博物馆总数在 1 万家以上。根据隶属关系，美国的博物馆大致可分为如下四类：一是私立非营利性博物馆，占到美国博物馆的 65%；二是政府主办的博物馆，占美国博物馆的 23.6%；三是高校博物馆，占美国博物馆的 10.4%；四是私立营利性博物馆，只占美国博物馆的 0.7%。这四种类型代表了当代美国博物馆主要的管理体制形态。[①]

美国并没有统一管理全国博物馆的中央机构，美国联邦政府主要通过市场机制，将政府权威与市场交换的功能优势有机组合，在管理中扮演的是"提供便利者"的角色。各博物馆与政府之间的关系主要表现在经费支持方面。美国各级政府不干预博物馆的具体事务，政府部门主要通过严格审批程序、提供经费支持、监督博物馆运作来施加影响。除极少数打着博物馆旗号的企业外，美国的博物馆建立后，不管是公立还是私立的，都会变成事实上"公有公营"的非营利性机构。不同程度地代表着公众利益的各博物馆董事会，对博物馆事务具有最高的决策权，博物馆的日常行政事务一般委托由董事会任命的馆长全权负责。美国的博物馆无论是公立还是私立，都设立有董事会或性质相同的委员会。董事会制度是体现博物馆属于"公共财产"的象征，对于私立博物馆来说又是"化私为公"的手段，使公立、私立博物馆都成为事实上的"公有公营"机构。董事有义务为博物馆筹集艺术保护、教育活动、特别展览、艺术品收藏、学术出版及相关活动所需要的经费。[②]

2. 英国的一臂之距和托管制

博物馆在英国社会生活中占有重要位置，在很典型地遵循国家作为主要赞助者的模式下开展工作。英国政府设置了统管全国文化事业的中央主管部门，并形成比较完整的中央和地方三级文化管理体制。中央政府负责制定政策和统一划拨文化经费，各类非政府公共文化管理机构和地方政府执行政策并具体分配文化经费，基层地方文化管理部门和包括博物馆在内

---

① 参见北京大学考古文博学院宋向光教授教学资料，译自《国际博协通讯》2002 年 2 期《美国的博物馆》。
② 段勇：《当代美国博物馆》，科学出版社，2005 年 5 月。

的文化艺术组织、艺术家实际使用经费。这三级管理机构相对独立，没有行政隶属关系，政府通过制定、执行统一的文化政策和逐级分配、使用文化经费，使它们紧密联系在一起。

英国政府对于包括博物馆在内的文化艺术机构的管理采取的是保持"一臂之距"的管理方法，运用政策手段培养潜在的文化消费市场，鼓励公众参与文化活动。中央政府经由中间环节拨款，把资金间接地分配给文化艺术组织或艺术家，不仅减少了政府机构的行政事务，保证了政府工作的高效运作，而且政府机构不直接与文化艺术单位发生关系，利于检查监督和防止腐败。加拿大、奥地利、比利时等国家所采取的也是同样的管理模式。1998 年英国政府开始引入公共服务协议，按照效果导向原则、分权原则、问责性原则、透明度原则，对包括博物馆在内的政府公共支出项目全面设置了可测度目标。政府对博物馆的监管奉行"一臂之距"的原则，通过制定一系列非强制性的和鼓励性的建议，为博物馆、美术馆等机构提供一个政策框架，让它们在这个框架内运作，以实现其宏观管理意图。这里的"一臂之距"指的是在管理上通过中介机构，即博物馆和美术馆委员会（它下设 10 个地方博物馆协会），每年接受中央政府文化行政主管部门及其他政府有关部门的拨款，并负责具体分配给由国家资金支持的博物馆和美术馆。

托管制度是英国公共文化管理的基本制度，也是英国政府对博物馆管理的另一个特点。对那些接受政府部门拨款的博物馆和美术馆来说，其委托委员会是协助政府保持"一臂之距"管理方式的重要部门。例如大英博物馆托管委员会通过与政府主管部门签订协议的方式，接受中央政府的财政拨款，执行国家的公共文化政策。文化托管制的意义在于，私有的文化艺术遗产可以通过托管制的方式转变为公共文化遗产，更重要的是，政府主管机构可以从博物馆管理事务中解脱出来，实现博物馆管理的专业化。英国政府对博物馆进行操控的另一项重要措施是实行达标登记制度，其目的是鼓励博物馆在经营管理、藏品保护和公共服务等方面达到公认的基本标准，增强公众对博物馆作为公共遗产的保藏库和公共资源管理者的责任，为符合"博物馆"称号的所有遗产保护机构提供共同的行为准则。博物馆登记制度包括自我评估、同行评议、定期复查、重新登记四个阶段的运作过程。

3. 法国的建筑师模式

法国在公共文化服务管理上的最大特点是由中央向地方分权，因此，地方政府拥有更多的文化行政自治权。大区、省和市镇文化管理部门之间没有直接的从属关系，但除了宪法、法律和法规的规范性监控外，法国的地方文化自治体制总体上是在中央政府和文化部的指令下开展工作的。法国文化政策被称为建筑师模式，其特点是政府主管部门通过与艺术家协会进行持续对话的方式，促进管理目标的实现和制定具体的立法条款，给了政府权威机构一个有机的选择。法国政府通过契约管理、中央集权管理、直接财政拨款、立法保护本国文化并对文化赞助减免税收等方式对包括博物馆在内的文化机构进行管理，其中的契约管理是通过签约文化协定的契约形式确保实现宏观管理目标。

由上可见，我国博物馆的宏观管理体制与上述三国相比较，小同而大异。而最大的不同，是我国的博物馆与其上级管理部门具有很强的行政隶属关系，各博物馆对上级行政机关的依赖性和上级行政机关对博物馆的管束性都很大。

（二）以美国为代表的发达国家博物馆内部管理

在美国，各博物馆内部管理体制类似，普遍实行的是董事会领导下的馆长负责制。董事会是博物馆的最高权力机构，但主要解决博物馆发展方向等大问题，博物馆的日常事务由董事会挑选任命的馆长全权负责；副馆长、馆长助理由馆长挑选任命，其职责就是协助馆长分管工作并向馆长负责。

美国博物馆内部普遍分为业务和经营管理两大部类，内部的各部门职位设置也具有一定的灵活性，可以根据工作需要和经费状况由馆长进行调整。在内部管理和对外交往中产生争议和纠纷时，比较注重运用法律手段来维护自身利益，而不是像我国一样动辄通过行政手段解决。

美国的博物馆在管理方面不存在所谓的集体领导制，博物馆的内部机构可以由馆长根据需要随时调整，特别是注重跨国家、跨城市、跨单位、跨部门选择人才。在选择部门主任时，馆长的意见是决定性的。美国博物馆还普遍实行业务主管制，选择业务主管以及以下人员，则主要根据部门主任的意见，馆长一般不过问。美国博物馆还十分重视建立各种顾问和咨询委员会性质的组织，广泛吸收社会各界知名人士参加。这些组织都成为博物馆在筹款、经营、业务开展等方面的重要帮手。经过多年实践，美国许多博物馆包括国立博物馆成功地走出了一条以自身筹款为主，政府资助为辅的募集资金有效途径。①

当代美国博物馆最大的特点就是其开放性和国际化，并且拥有不受政府行政机关约束的管理和开展业务活动的自主权，其中如何经营和开展市场营销是博物馆无不重视的战略性选择。

三、我国博物馆管理改革的对策建议

我国博物馆发展中存在的管理主体多元化、融入社会程度不高、实现博物馆的宗旨和目标的能力不强问题，有宏观管理体制的原因，也有博物馆内部管理方式和组织结构原因。尽管国家行政主管部门已经看到了博物馆宏观管理存在的问题，但局限于认为由于博物馆结构的多元化，使博物馆管理远远超出文物（文化）系统的传统概念，管理难度增大，对传统宏观管理模式提出了挑战；博物馆的展示和服务内容、形式有待丰富和精化，教育职能的发挥处于较低层次；粗放运行的管理方式没有发生根本改变，博物馆的自主创新能力不强，体制机制等深层次的矛盾亟待解决。①笔者认为，解决问题的关键应该是建立以关系民生为主的

---

① 段勇：《当代美国博物馆》，科学出版社，2003 年 10 月。

博物馆公共服务体系，并在这一框架下改变博物馆的管理方式，提高博物馆的管理水平，促进博物馆实现符合社会发展需求的宗旨和目标。

（一）构建关系民生的博物馆公共服务体系

1. 建立公众参与机制

博物馆的体制改革是整个公共文化体制改革的一部分，但"现行中国文化体制尽管在最近二十年给予一系列功能性的技术修复，以使其与中国的经济改革大潮和对外开放大势保持其某种程度的同步适应，但这些细节性的修复方案并未使宏观文化体制获得现代转型意义，也就是说，它仍然沿袭着直接政治授权的合法性传统和权力意志承载的非论证性身躯。"[②]

博物馆事业是文化遗产事业的重要组成部分，但从管理体制和管理水平两方面看，按照文化遗产事业关系民生大计的要求，按照人民群众的新期待的要求，我国博物馆还有许多问题需要解决，而且无不与博物馆的宏观管理体制有关。由于政府机制自身的缺失而导致资源配置低效甚至无效的表现，被称为政府失灵或政府失败。而治理政府失灵的主要手段是：在公共产品和服务领域引入市场竞争机制，而不是完全依赖政府权威制度的运作来实现政府职能的调整；实行包括政府向社会组织分权、政府系统内部分权以及政府体制中的自上而下的分权等的分权改革；实施法制管理；促进公民参与监督。[③]从2008年实现免费开放到2009年底，全国已有1447家博物馆、纪念馆免费开放，观众达8.2亿人次。[④]博物馆全面免费开放表明了国家在以最大的公益性兑现着公众本应享有的文化遗产分享权，使民众的文化生活从内容到质量都得到了提升，同时也使博物馆成为文化遗产事业中与公众接触最频繁、联系最紧密、影响最长久的平台。

随着市场经济体制的不断完善和政府职能的转变，国家与社会、政府机构与民间组织的关系必将出现重大变化，公民社会已初见端倪。政府在提供公共文化服务中始终应处于主导地位，并要在市场失灵或其他情况下担负保障的最终责任。在宏观管理体制没有或者不能真正改变的情况下，笔者建议：第一，行政主管部门要致力于使公众参与到博物馆服务政策的制定过程并对政策的形成产生实质性影响，让广泛的社会公众参与到博物馆服务的评价、选择、决策和提供中来，由公众对博物馆服务的数量、质量、效率、价格、能力等多方面内容进行单项或综合评估，使公众有能力选择适合自身需要的博物馆服务，实现真正的公民权利与义务对等。[⑤]第二，行政主管部门要在明确政府在博物馆公共服务供给中最终责任的前提下，通过招标采购、契约、特许经营等形式，将原由政

---

① 国家文物局编：《中国文物事业60年》，文物出版社，2009年12月。
② 王列生等：《国家公共文化服务体系论》，文化艺术出版社，2009年12月。
③ 李鹏主编：《公共管理学》，中共中央党校出版社，2006年11月。
④ 《全国博物馆纪念馆免费开放两年受益观众八点二亿多人次》，《中国文物报》，2010年1月6日。
⑤ 孙晓莉：《公共服务中的公民参与分析》，《中国人民大学学报》，2009年第4期。

府承担的部分博物馆的社会职能交由市场去行使。同时，要有效解决博物馆构成体系中部门之间存在职权交叉划分、部门利益纷争、协调配合缺乏等问题。第三，要建立制度化、法制化的有公众参与的博物馆公共服务绩效评价体系，并将绩效评估作为一项重要的激励机制，对博物馆的行为起到约束、引导的作用。博物馆绩效评估主体要变上级行政机关对下级机关进行评估或机关内部评估为社会公众的广泛参与，增加评估过程透明度和公开化，强化社会监督与制约；应建立一套完整的评估指标体系，包括目标制定、执行、评估等环节，涉及评估主体、评估方法、沟通反馈等过程，要体现问责原则而不能流于形式，力戒评估方式的"运动式"、"评比式"和随意性，发挥绩效评估对于促进政府绩效的重要作用。

2. 纳入国民教育体系

《世界文化多样性宣言》强调："文化多样性增加了每个人的选择机会；它是发展的源泉之一，它不仅是促进经济增长的因素，而且还是享有令人满意的智力、情感、道德精神生活的手段。"[①]在维护公众对文化方式的积极选择的同时，每一个负责任的政府都要最大限度地提供可选择的文化生存空间和文化生活内容，提供文化多样性的现实政治条件和多元文化取向的社会保障机制，保障公民的文化权益。博物馆是连接过去、现在和未来的桥梁，在建立社会主义核心价值体系、增加国家文化软实力等方面具有独特优势。从民生的视角关注博物馆的管理体制和发展方向，要求进一步增强博物馆的教育功能，而最事关全局的举措是将博物馆纳入全民教育体系。

美国博物馆协会首席执行官小爱德华·埃博认为："博物馆第一重要的是教育，事实上教育已经成为博物馆服务的基石。"[②]实践证明，博物馆相关教育凭借其教育内容独特、教育形式多样、教育过程全面、教育成本较低、教育效果直观、教育背景可与时代主题相结合等诸多独特的、不可替代的优势，可以全面、有效地完善国民教育体系，让每个中国人都可以终生享受到博物馆文化的陪伴与熏陶。显然，博物馆教育功能的民生化可以有效地将博物馆事业与党和国家的民生大计关联起来，而纳入国民教育体系是重要途径。

当然，我们也看到，目前还存在着制约博物馆纳入国民教育体系的诸多因素。《中国文化遗产事业发展报告（2009）》很有针对性地提出：首先是博物馆认识不足，缺乏自觉性与主动性；其次是政策法规滞后，配套政策缺失；第三是博物馆的教育活动未能制度化、经常化，教育内容和形式比较单一；第四是经费保障不力和不平衡问题严重。为促进博物馆纳入国民教育体系，不仅需要建立投入与财政执行、规划与项目运行、人力资源动员、绩效评估与政策调节四个保障系统，而且需要解决确立博物馆作为国民教育体系有机组成部分的法律地位、

---

① 引自《联合国教科文组织保护世界文化公约选编》，法律出版社，2006 年。
② 引自杨玲、潘守永主编：《当代西方博物馆发展态势研究》，学苑出版社，2005 年 12 月。

博物馆如何与其他教育文化机构横向联系并做到资源共享等一系列技术问题。①

3. 改变博物馆的事业单位管理体制

目前，我国国有博物馆采用的是事业单位管理体制，由此而引发的博物馆充分发挥社会功能和改善管理等方面的突出问题，无论采取什么方式的改革都难以彻底解决。就文物系统实施行业管理而言，比较突出的是存在机构职能和事业管理要求不相匹配的问题。表现在博物馆类型上，是对科技类、自然类等行业博物馆难以实施有效、"标准化"管理；表现在所有制上，是对非国有博物馆难以依法管理。在目前形势下，从民生视角来看待这样的事业单位管理体制，可以发现博物馆管理与群众需要不相适应的方面：就博物馆建设和管理而言，非文物（文化）系统的国有博物馆和非国有博物馆不同程度地存在专业化水平不高的问题，进而影响到博物馆提供公共服务的能力；由于各博物馆隶属关系导致的人、事、物、财管理权的分散，不同博物馆在管理绩效方面的差别显著，不仅增加了管理部门和博物馆的运营成本，而且信息交流不畅，限制了博物馆的交流与合作；"各自为战"的局面也阻碍了博物馆的资源整合，为博物馆相关文化产业的发展和国际国内交流与合作增加了困难。②2008年2月，国家文物局发布《关于印发＜全国博物馆评估办法（试行）＞、＜博物馆评估暂行标准＞和＜博物馆评估申请书＞的通知》，启动了国家一、二、三级博物馆评估工作。尽管评估仍然没有摆脱"评比"和行政方式的意味并缺乏社会监督，但值得注意的是，将"法人治理结构"规定为博物馆等级评价的一项重要指标，或许可以显示为我国博物馆事业正在寻求对传统事业单位管理模式的突破。此类评估制度是否能够打破我国博物馆单纯依照行政隶属关系划分等级身份传统格局，引导博物馆创新管理体制、引进竞争、激励机制，促进博物馆改革和发展，还需要在未来发展实践中加以考察，但至少目前并无实质性改变或作用。

在整个文化体制改革中，博物馆的体制改革较为滞后，目前主要采取的人事制度改革及其分配制度改革、岗位设置等，事实证明都没有触及博物馆发展需要解决的根本问题。况且所谓"老人老办法，新人新办法"，实际上也不同程度地阻碍了人事制度改革。绝大多数的博物馆仍然沉浸在对旧体制的怀旧中，使所谓的人事体制改革名存实亡。国际通行的博物馆管理制度，谁都不愿意涉身。随着社会的发展，博物馆的社会作用和社会职能进一步拓展，当代博物馆正从文物标本的保藏、研究机构转变为社会文化财产托管机构、社会文化遗产的保护和管理机构、社会教育机构和社会文化休闲机构。博物馆又是非营利的社会公益机构，这一点在计划经济和市场经济条件下都是相同的。在计划经济体制下，博物馆的这一性质是通过事业单位身份和政府全额拨款表现出来的，但在市场经济条件下，这一性质应该是由法律确定的，并通过组织体制、组织目标和组织收益分配方式体现出来的。

①② 刘世锦主编：《中国文化遗产事业发展报告（2009年）》，社会科学文献出版社，2009年12月。

事业单位改革有赖于行政管理体制改革的整体推进。就博物馆而言，作为国有博物馆事业单位改革的基本目标，应该是建立以关注民生为主的高效的博物馆公共服务体系。但在宏观管理层面，我国尚无博物馆公共服务体系总体设计方案，并因此造成了博物馆在以前的几次事业单位改革实践中多以"减少开支、缩减人员"为目标，或只是进行"头痛医头、脚痛医脚"式和临时解困式的改革。尽管目前我国博物馆公共服务体系尚在建立之中，但要使博物馆真正实现其目标、宗旨和社会职能，解决目前存在的问题，必须首先改变国有博物馆的事业单位性质。如此一来，博物馆就不再是行政机关的延伸或附属物。真正社会化的博物馆可以获得更多的发展自主权，可以主动地开展经营和市场营销，可以不根据上级行政主管部门的指示（并不是否认政府的推动力量）而是根据公众的需要提供服务和产品，改变长期以来由政府直接决定给公众提供服务和产品的模式。更关键的是，就博物馆的人力资源管理来讲，改变事业单位身份，实行全社会的而不是体制内的全员聘用，可以使博物馆实现从机构人、身份人向服务人的转型，实现社会管理、合同管理和竞争性管理。在市场经济条件下，建立体现和保障博物馆非营利机构性质的组织体制对博物馆的生存和发展至关重要。因此，博物馆的机构设置必须体现其作为社会文化财富托管机构的特点，要设立能够代表社会和公众对博物馆托管的社会文化财产和对博物馆使用这些财产获得的经济收益进行监管的机构。博物馆还应依照有关法律、规章和博物馆职业道德对博物馆管理人员和业务人员进行监督，防止出现利用公共财产为个人谋利的不道德行为。

博物馆的社会化不是博物馆的市场化。政府博物馆事务主管部门适度放松对博物馆的行政管理，并不意味着博物馆可以利用所管理的公共资源随心所欲。政府行政主管部门不能因"博物馆社会化"而减少对博物馆事业良性发展的支持、扶植和引导，为博物馆提供足够的资金和社会条件是管理机构的重要责任。管理部门可以利用法律、行政、经济、科技和教育等手段增强博物馆的工作活力和自身造血机制，绝不能将博物馆推向市场任其自生自灭。

（二）改革博物馆内部管理方式

1. 建立董事会制的博物馆内部管理体制

正如前文所言，西方发达国家的博物馆大都采用了董事会制的管理体制，它能够成为发达国家博物馆内部管理普遍存在的体制，至少说明这样的体制具有一定的普世价值。在我国博物馆实行董事会管理体制，并不完全是因为它是国际通行的管理模式，更重要的意义在于：第一，博物馆董事会管理制度有利于明确博物馆的法人地位，打破事业单位模式和政府附庸的外壳，充分保证博物馆的自治权和能动性，使博物馆能够有效吸纳和利用公共财政和社会资助，加强博物馆与社会力量的联系，开展有利于提高其公益性的各种公益活动。第二，董事会管理更有利于博物馆作为社会公共服务机构的性质，由不同程度代表公众利益的博物馆董事会对博物馆事务（尤其是资产）进行管理，将有利于博物馆从公共利益出发去满足公众日益高涨的文化生活需要，彰显博物馆的公益性。第三，使博物馆的管理从决策机制上实现了权责分离，提高了决策过程的科学性、合理性，增强了相关决策执行的力度，有助于提高博物馆管理的效率和服务的质量，进而更好地为实现博物馆的公益性提供保障。第四，从体现民生、充分发挥博物馆公益性的视角来看，博物馆实施董事会管理的意义并不在于将"馆长决策"转变为"董事会集体决策"。就本质而言，实行董事会管理方式最重要的意义在于，可以使博物馆的政、事分开，促进博物馆的社会化，使博物馆获得自主发展的空间和地位。博物馆的管理机构承担着博物馆最基本的法律和财政责任，在宏观管理模式没有根本改变的情况下，可以通过在非国有博物馆内先试行博物馆董事会管理体制，或在有条件的国有博物馆试点，进而通过立法在国有博物馆全面推广。

　　2. 以观众为导向调整内部组织结构

　　博物馆管理的首要目的是为了实现博物馆的宗旨和目标，并使内部组织设计有利于整体目标的实现。[①]对于任何一个组织来说，功能决定方向。作为常设的公益性机构，博物馆内部组织机构设置要有一定的稳定性以保障各项活动的正常运作，但又必须具有动态性以适应不断变化的内外部条件和需求。现代管理学认为，组织的外部空间有限且充满着竞争，组织发展的重点应放在根据外部环境的变化及时调整组织内部机构和运作机制上。"三部一室"制所引发的问题是多层面的，也是从20世纪80年代以来我国博物馆界几次关于博物馆管理体制改革讨论所涉及的主要问题，其根源是我国博物馆在计划经济体制下形成的管理体制、管理观念和管理方式与当前市场环境中的博物馆生存发展需求的矛盾。

　　如果说我国博物馆宏观管理体制改革的重点应该是转变政府行政管理机构的职能，建立博物馆公共服务体系，发动社会力量办博物馆，推进博物馆社会化，那么微观管理体制改革的主要任务应该是增强博物馆自主管理和自我发展能力，提高博物馆的社会贡献。在市场经济条件下，博物馆外部条件是变动的，不同类型、不同地域和不同规模的博物馆面临着各不相同的挑战，博物馆的工作人员、资源和技术等因素也因馆而异，因此很难要求不同的博物馆采用同样的组织模式。所以，博物馆组织结构的调整应全面掌握组织内部的运行状况，及时做出有利于组织发展的决策，及时调整组织目标，遵循内外部条件确定最有利于实现组织目标的组织体制的原则，适时调整组织内部运作机制，具体操作中应充分考虑以下因素：

　　首先，博物馆组织体制和部门设置应体现博物馆作为非营利的社会公益机构的组织性质，强化其社会职能，将博物馆自身发展置于社会发展的大背景和大趋势中，确保博物馆与外界的交流与沟通，确保博物馆的组织特色和在社会中的位置。博物馆的组织目标需要根据博物馆对社会需求的理解和自身发展需求来确定，并要不断地评估工作资源的获取、保有和使用

---

① 〈加拿大〉盖尔·洛德、拜伦·洛德著，杨康明等译：《博物馆管理手册》，北京燕山出版社，2007年10月。

情况，不断寻求与社会结合的新途径，根据主客观条件及时修订组织目标和调整组织结构。因此，部门设置应该充分考虑社会发展对博物馆公共服务的新要求。[①]

其次，博物馆不是文物和艺术品的仓库。如果说藏品是博物馆存在的物质基础，那么观众则是博物馆存在的社会基础。况且目前的趋势是"保管的中心也将更多地转向预防性保护，以确保所有藏品随时都可以用以研究、展示和外借。而更有效的藏品跟踪和记录系统的发展，也会改善人们接触藏品的方法和途径。"[②]博物馆的环境条件在市场经济条件下发生了重大变化，主要表现在资源紧缺、竞争行为和需求变化等方面。博物馆要加强对外界环境的监测，密切与博物馆发展有关的社会因素的联系与合作，根据社会需求变化研发和推广新的服务项目，确保博物馆工作资源和市场空间。因此，博物馆的组织结构调整一方面要把教育职能放在重要位置，强化业务部门的专业和协作关系；另一方面应建立和加强博物馆服务和发展事务工作部门，以观众（客户）为导向设立专门的市场营销、公共关系、筹款和资金管理等部门，保障教育功能的最大化。

第三，随着政府行政管理机构职能转换，博物馆宏观管理体制将发生重要变化，政府将越来越由办博物馆变为管博物馆，减少直接的行政命令和行政干预，运用立法、拨款、发展规划、行政监管和舆论监督等宏观调控手段管理博物馆，加强博物馆的自主管理和自我发展能力，促使博物馆努力提高服务质量。博物馆由一个或几个政府部门垄断的局面已被打破，博物馆办馆主体多元化，博物馆经费来源多元化，使博物馆将面对激烈的竞争局面。因此，博物馆在组织结构调整时应注意外部环境变化对博物馆工作目标和发展趋向的影响，及其对博物馆工作程序和工作方法的影响。尤其要把博物馆发展战略与市场营销学结合起来，用战略性的市场规划方案来解决博物馆在市场经济条件下怎样进行策略上的规划。[③]

第四，博物馆要充分把握已经成为重要的历史、艺术、科研、教育、文化的信息资源库的重要机遇，明确博物馆在信息社会中的社会定位、目标和工作方式，建立体现博物馆信息资源库特点的组织机构。考虑到博物馆工作的发展趋势和现代管理理论的应用，博物馆业务部门体制应根据工作性质确定组织形式，对规范性、机械性工作采取较严格的管理体制，对创造性的工作采取较宽松的管理体制。应建立既能保障博物馆基础性和日常性业务正常开展，又能应对阶段性突击任务和突发事件的组织机制。

总之，博物馆组织结构调整应该以博物馆发展目标为主导，充分体现以人为本特别是公众需求，通过调整使其有利于实现博物馆的社会责任，增强博物馆的竞争力和发展能力，提

① 曹兵武、李文昌主编：《博物馆观察》，学苑出版社，2005 年 9 月。
② 〈加拿大〉盖尔·洛德、拜伦·洛德著，杨康明等译：《博物馆管理手册》尼古拉斯·洛塔塞"序"，北京燕山出版社，2007 年 10 月。
③ 〈美国〉尼尔·科特勒、菲利普·科特勒著，潘守勇等译：《博物馆战略与市场营销》，北京燕山出版社，2006 年 12 月。

高博物馆工作人员的社会责任感和主观积极性。只有这样，博物馆工作部门才能真正成为博物馆管理体制、管理观念和管理方法系统变革的支撑和保障。

四、结语

博物馆事业是政府公共事务管理的重要组成部分，在当前我国博物馆的公益性受到国家、社会和广大民众普遍关注的情况下，如何从体制层面加强管理、改进服务、提高行政资源使用效率，以便更好地体现博物馆的公益性，成为博物馆管理体制改革时需要优先考虑的问题。当代西方发达国家博物馆在理论和实践方面的探索在很大程度上引领了世界博物馆的发展方向，它们大都建立了健全而透明的博物馆管理制度，包括以博物馆自律为主的现代法人制度、董事会制度的管理模式、馆长聘任制度、筹资制度、预算审计制度等。由于国体不同，我们并不主张照搬西方发达国家博物馆管理的一切，但其中一些有益的经验，例如以人为本、突出公益、与民生紧密结合，管理更加专业化、服务功能更全面，强调博物馆之间、国际之间的交流与合作，以及适合博物馆发展文化产业的道路等等，确实值得我们借鉴。本文结合学习和工作体会，从我国博物馆宏观管理和微观管理两方面提出一些自己的粗浅认识，恳请专家指正。

当代博物馆的人文情怀与文化角色

安来顺

博物馆作为一门专业，其专业化尝试是从 19 世纪末至 20 世纪初开始的。几乎与此相同步，博物馆也开始了其近百年的人文情怀和文化实践并随着时代的变迁不断赋予新的内涵和外延。身处剧烈变革的时代，回味博物馆人文情怀的形成与发展，审视当代博物馆的文化角色，绝不仅是个别博物馆人的一种咏古诵今，而且是博物馆领域整体的使命沉思。

一、博物馆人文情怀的滥觞、形成与发展

回顾博物馆专业化进程，人们不难发现它几乎是与博物馆人文情怀的肇始、形成和发展同步进行的。其中有几个重要的时期是不应当被忽略的。

第一个时期是 20 世纪 30 年代。当时博物馆力图摆脱古董收藏所和被束之高阁的书斋的桎梏，希望将自己转变为一个社会教育场所。与之相伴随，博物馆开始了世界上最早的观众调查分析，大学心理学家和博物馆专业人士联手，将博物馆陈列的人体工程学设计与观众参观疲劳之间的关系纳入了研究领域。这一时期可谓是博物馆人文情怀的滥觞期。

第二个时期是 20 世纪 50 年代到 70 年代，当世界各国经历了两次世界大战的洗礼后，博物馆再次反思它的社会角色，特别是文化教育功能。在长达近二十年的时间，不少博物馆人将自己的工作原则界定为"藏品的动态展示和观众的亲和接待"，一批过去似乎从未进入过博物馆核心专业领地的、主要是直接面对社会公众的博物馆人员，被带着一个略有傲慢与偏见意味的名曰"新专业人员"标签走进了博物馆的"象牙之塔"。而此时，"博物馆教育"也出人意料地捷足先登，在 60 年代率先为学术界所认可。这一时期可以被理解为博物馆人文情怀的形成期。

进入 20 世纪 80 年代，"博物馆不仅要关心物，博物馆更要关心人"成为业界的普遍共识，以日本为代表的一些东方学者提出了一个具有革命性的预言：博物馆已经进入由以"物"为核心向以"人"为核心的转变时期。博物馆的人文情怀得到了前所未有的发展。

同样不容忽视的是，在博物馆界乃至文化界几个具有里程碑意义的重要文件已经并且仍在对博物馆的人文哲学和文化实践产生着巨大的影响。

1974 年国际博协在修改其章程时对博物馆做了一个具有里程碑意义的定义。正因为该定义对博物馆所产生的深远影响，被人们称为"哥本哈根宣言"。该定义指出"博物馆是一个

不以营利为目的的、为社会和社会发展服务的公开的永久性机构。它把收集、保存、研究有关人类及其环境的物质的和非物质的见证当作自己的基本职责，以便展出，公之于众，提供学习、教育、欣赏的机会。"①该定义中有两点尤其引人关注：一是博物馆功能领域的排列及其内在的逻辑关系；二是历史上第一次从"纯专业"的界定转变为强化博物馆社会责任的界定，它希望强烈传达这样一个信息，即博物馆必须存在于服务社会与社会发展之中。

1986 年国际博协在阿根廷布宜诺斯艾利斯通过了《国际博物馆职业道德准则》。该《准则》包括了总体性职业道德、处理藏品的态度和个人行为准则三大部分，其中总体性职业道德明确规定：无论受雇于公立或私立博物馆，博物馆工作人员均应认识到自己为取信于公众之人，具有为公众服务的义务，其行为应当正直、具有较高水平的客观性，并符合博物馆的伦理。②2004 年国际博协再次对《准则》进行了修订和补充，并为博物馆的社会责任设立了六条基本原则，③从而在职业道德层面进一步强化博物馆在服务社会、服务公众方面所承担的义务。

总之，近四十年来博物馆在其专业化程度日渐提高的同时，与社会的联系更加紧密，其人文情怀愈益浓重，其在现实社会中的文化角色也越来越清晰。

二、当代博物馆的文化角色

20 世纪 80 年代以来，几乎在所有国家所经历的多重变革为博物馆带来了新的挑战，博物馆应当成为一种尊重多种文化特性和促进社会包容的积极的资源。那么它的文化角色是什么呢？

应当说博物馆在当代社会的文化角色与各国政府、文化界对文化认识的深入以及所达成的广泛共识是密不可分的。国际上一系列新的文化理念和文化政策在很大程度上使博物馆的文化角色得到了确认或再确认。

1982 年墨西哥世界文化大会通过了《世界文化政策宣言》，各国在政府制定文化政策层面上划定了文化的边界："从最广泛的意义讲，文化现在可以看成是一个社会和社会集团的精神、物质、知识和感情方面等方面显著特点所构成的综合性整体。它不仅包括艺术和文学，也包括生活方式，人类的基本权利、价值体系、传统和信仰。""每一种文化代表一整套独特的不可替代的价值，因为每个民族通过其传统和表达方式最完美地体现其存在于世界之林"。④《世界文化政策宣言》对作为文化机构的博物馆及其文化责任产生了极其深刻的影响。

---

① 《国际博物馆协会章程》（修订本），国际博协第 21 届巴塞罗那大会 2007 年 7 月通过，其中"物质的"和"非物质的"定语为首次加入国际博协定义中，从而使对"见证"的界定更为明确。
② 国际博物馆协会：《国际博协职业道德准则》，国际博协第 14 届布宜诺斯艾利斯大会 1986 年 11 月通过。
③ 国际博物馆协会：《国际博协职业道德准则》，国际博协第 14 届布首尔大会 2004 年 10 月修订。
④ 《墨西哥城世界文化政策宣言》，1982 年世界文化政策大会通过。

归纳起来，当代博物馆的文化角色大致可以用三个关键词来表述：记忆、融合、催化。

1. 博物馆是文化的记忆库

文化记忆功能是博物馆最原始、最核心的功能之一。早在 20 世纪初，当城市化过程明显加快之初，文化界就关注文化记忆与城市发展之间的关系。帕特里克·戈德斯认为："我们必须挖掘我们所居住城市的历史面貌，回溯到远古以前，从那里开始往后推演，并进行想象重建"，对地区的历史和人文脉络进行调查研究，"追踪描绘人们的记忆、视野与价值观"。① 这种观点被引用到城市的文化工作中来，只是由于一系列世界性巨大事件发生的缘故，这种理念被人们暂时忽略了。城市化发展到今天，这种理念得到了回归。

城市历史博物馆大致分为两大类型，即：信息性的历史博物馆和纪念性的历史博物馆。② 前者定位于为博物馆的使用者提供各种有关信息和资料，为公众对历史做出判断提供便利，后者则是以"记忆"的名义提出某种观点，为了让人们"确信"某一特定的过去。它们的对象虽然不是正在发生的事物，但却是从现实中剥离出来的、已经发生的事物，其目的是为正在发生或已经发生的事物提供一种参照，通过"编辑"，使历史能够为人们所理解，从而在公众与最直接、最真实的历史资源之间架起一座桥梁。

2. 博物馆是现实文化的融合剂

现代城市生活正在经历着全球化和商品化的巨大影响，直接影响着大都市对文化多样性的保持。应当承认，不同文化之间有时会出现隔阂、分歧，甚至是冲突，但是没有哪个城市的文化不是吸收了其他文化的长处而逐步走向融合的。所以，发展城市自身的文化并不意味着排斥其他文化。促进文化和谐是博物馆的重要使命。

在中国，除传统文化与现代文化之外可能出现的问题是，新一代移民或已定居的非本土居民，其文化心态是复杂的，一方面他们有保存其文化传统的强烈欲望，另一方面，又热切期待融合到新的城市文化中。他们的这些诉求需要在文化机构，特别是博物馆的帮助下来进行自我表达。

在传统意义上，博物馆无一例外地反映历史上的发展，对现在和未来则较少有兴趣。在城市环境中和城市生活中，时间并非切分为过去、现在和将来，它们是浑然一体的。就在此处与此时，过去的遗风、当代的生活和未来的迹象同时呈现在都市的生活之中。③ 在博物馆所表现的城市文化，不应仅仅代表某种单一的方向，而应当是地方与全球、特殊与普通、外来与本土之间的文化流动，促进文化之间的尊重和理解。在这方面，博物馆与不同城市社区

---

① 科林·默瑟《何为文化－大问哉？》，露丝·温斯勒编，罗秀芝译：《文化新形象－艺术与娱乐管理》，台北五观艺术管理有限公司，2003 年出版，第 85 页。

② （法）劳伦特·杰瓦里奥：《博物馆的功能：记忆抑或传达》，《国际历史博物馆协会 1992 年学术讨论会论文集》，巴黎 1992 年，第 12 页。

③ 联合国教科文组织：《国际博物馆》，第 231 期，译林出版社，2006 年 12 月，第 52~53 页。

之间建立密切的关系，采用举办相关展览、开发教育文化活动等方式来实现。

3. 博物馆是新文化的催化器

尽管城市文化经常是有地域限制的，但它却从来不是静止的，也不可能有一种单一的、纯粹的城市文化。在当今的城市文化中，博物馆需要在一种新的、最广泛联系的框架内重新思考它的作用和目标，那就是：博物馆不仅应当作为文化多元性的保护者而为社会服务，而且应当作为增强文化理解和交流与融合的工具，同时还应当在城市新文化构建中起到催化作用。

博物馆要坚持文化民主的原则，成为促进文化理解，鼓励文化对话的重要力量。博物馆通过陈列展览和其他活动能够在这方面发挥巨大作用。

同时，在博物馆和其收藏之间形成的关系能够产生新知识、新文化。所以博物馆应当记录和收藏城市文化的混合形式，这样，对过去和现在的收藏将会成为"文化发展的储备"。从这种意义上说，博物馆必须在诠释旧的文化的同时诠释新的文化，以宽容的观点使人们获得信息，在尊重自身文化所取得的成就的同时，对其他的文化保持好奇的心态和尊重的态度，这就是博物馆在城市文化构建中，推动文化传承和文化创新的积极作用。

一个值得注意的事实是，博物馆太多地关注"我们"是谁，"我们的"的感受和表达方式是什么。而太少关心"他们"是谁（无论是实在观众，还是潜在观众），"他们的"感受和表达方式是什么。

在一座当代的博物馆里，来自不同文化的人们应当找到能够反映他们社会角色的东西，博物馆应当尽可能让观众接触那些与他们当今生活相关的信息、历史的信息以及能让观众参观时产生情感共鸣的信息，无论他们是谁，他们属于哪里。同样重要的一点，是博物馆要尽最大努力让观众了解博物馆，不仅仅博物馆的收藏和展品，而且包括博物馆本身，它的社会使命。这样可以使博物馆真正成为一个提供多样化历史信息，同时提供观察和分析、分享观点的地方。

国际博协第 22 届大会已于 2010 年 11 月在我国上海成功举行。大会的主题是"博物馆致力于社会和谐"（Museums for Social Harmony）。我认为，大会主题阐述中的一段话或许为我们讨论当代博物馆的人文情怀和文化角色给予了极好的启发，"在当前全球经济和环境情况下，21 世纪的博物馆正处于重大转型的十字路口。博物馆面临急需解决的问题是如何保护作为人类共同遗产的文化多样性及生物多样性。全世界希望选择的未来是环境、文化、经济和社会的可持续发展。博物馆能够在转型中促进社会和谐方面起协调作用。"①

---

① 国际博协第 22 届大会筹委会：《ICOM2010：博物馆致力于社会和谐——主题阐述》，国际博协第 22 届大会官方网站，2009 年 10 月。

试论中华人民共和国国礼的历史内涵

马先军

中国素有"礼仪之邦"的美誉。中华人民共和国成立后，中国政府奉行独立自主的和平外交政策，以促进世界各国共同繁荣和发展为目的，与绝大多数国家建立了形式多样的联系，为维护世界和平作出了重要贡献，也赢得了世界人民的普遍尊重和信任。在频繁的国际交往中，为表达友谊，世界各国政府及其领导人、团体、民间组织和友好人士与我国政府和领导人互赠了大量礼品。这些异彩纷呈的国际礼品（以下简称国礼）见证了中国外交的辉煌历程，也是了解世界各地区、各民族文化艺术的一个窗口，具有重要的历史纪念意义和文化艺术价值，蕴藏着厚重的内涵。

中华人民共和国国礼的内涵主要包括历史、科学和文化艺术三个方面。这里，笔者不揣浅薄，谈一谈对上述国礼历史内涵的理解。

一、国礼反映了中国与世界其他国家建交情况

自古以来，赠送礼品是表示双方亲善的重要方式。礼品往往不在于多少和贵贱，而在于赠送者的一份情谊。中国古代的谚语"千里送鹅毛——礼轻情义重"所表达的就是这层意思。赠送礼品在国际之间的交往中也不例外。作为现代国际外交的惯例，重要人物在互访和其他形式的来往中互赠礼品已经成为一个约定俗成的礼节。而这些礼品的规格、来源和数量可以反映出国家之间的建交情况。

从规格来说，建交国家之间的礼品往来必然包含国家元首或政府首脑的礼品。在现代社会，作为国家或政府的代表，国家元首或政府首脑在其任期内一般要到建交国家访问，这是一种国际礼节。有访问就会有礼品的互赠。没有建交的国家之间很少有这种高规格的礼品互赠。当然，这也不排除例外，如1972年美国总统尼克松访华和1975年美国总统福特访华，中美两国领导人都互赠了大量的礼品，而当时中美两国还没有建交。从来源上看，一个国家的国礼必然带有不同于他国的、鲜明的民族和地区特色，建交国家越多，礼品的种类和特色越多，反之，其种类和特色就越有限。从数量上看，建交国家之间的礼品互赠往往是多层次的，来自领导人、政府、议会、党派、军队、群众团体、企业和名人等不同方面，汇总起来，其数量往往很大。没有建交的国家之间礼品互赠范围则比较有限，规格较低，数量一般较少。中国的国礼也反映了上述情况。

　　中华人民共和国成立后至 20 世纪 50 年代，由于历史原因，与西方国家交往很少。中国政府在坚持独立自主和平外交路线的基础上，实行"一边倒"的外交政策，侧重与社会主义国家建立和发展外交关系，与苏联、朝鲜、越南以及东欧各社会主义国家友好往来比较频繁。因此，中国这一时期的国礼与上述国家互赠较多。从礼品分布年代来看，这十年间每年的礼品都有，而且数量比较庞大，说明当时中国与社会主义阵营各国的往来比较密切。除上述国家之外，也有少量其他一些国家的礼品，如印度、缅甸、柬埔寨、尼泊尔等国，这表明当时中国与非社会主义国家的友好往来主要限于亚洲范围内。

　　在 20 世纪 60 年代的国礼中，与非洲国家互赠的占了相当大一部分比重，这是中非友好关系进入新的发展阶段的写照。20 世纪 50 年代后期起，以与非洲新兴民族国家建交为特点，中华人民共和国进入了新中国成立以来的第二个建交高潮。仅从 1960 年至 1965 年，就有 15 个非洲国家与中国建交。这一时期，中非国家高层次往来十分频繁，与中国建交的非洲各国领导人多次到中国来访问，主要目的是学习中国建设和发展的经验，并寻求中国对其经济建设的支援。尤其是中国国务院总理周恩来 1963 年底至 1964 年初对非洲十国的友好访问，有力促进了中非关系的发展。60 年代还有部分与亚洲和拉丁美洲国家互赠的礼品。上述情况表明这一时期中国外交的侧重点是广大亚非拉发展中国家。这是中苏关系恶化后，在中国与西方世界基本上仍处于对峙的状态下，中国大力开拓外交活动空间，扩大在世界政治舞台上影响的必然结果。

　　1972 年 2 月，美国总统尼克松对中国进行友好访问，与中国领导人实现了跨越大洋的握手，中美关系开始走上正常化的轨道，国际友谊博物馆所收藏瓷塑"天鹅之家"就是这次历史性访问的实物见证。中美关系的改善有利于两国人民的利益，有利于世界的和平与稳定，也打开了中国与西方国家友好交往的大门。在这之后，日本、德国、澳大利亚、巴西等各国纷纷与中国建交，英国、荷兰与中国关系也由代办级升为大使级，中华人民共和国进入了新中国成立以来第三个建交高潮。这反映在馆藏 20 世纪 70 年代的国礼中，则是与欧美国家间互赠的礼品显著增多，并占了相当大一部分。

　　实行改革开放政策以后，中国的综合国力不断增强，在世界上的影响进一步扩大，中国外交进入一个崭新的局面。反映到这 30 年间中国的国礼上，则与世界五大洲建交国家都有互赠，时间分布匀，密度大，数量多。其中一些礼品还是重大外交事件的见证。如 1982 年和 1984 年，英国首相撒切尔夫人因香港问题两次访华。在这两次来访中，她先后送给邓小平同志一个签名银烟盒和一个银铭文圆盘。又如中美、中俄、中欧等领导人之间多次互访等都有大量礼品见证。这表明，在全球化浪潮的影响下，地理上的距离已不再是各国友好往来的障碍。

　　岁月无痕，物以作证。中华人民共和国辉煌外交留下件件珍贵国礼，件件国礼又镌刻着中国外交的辉煌。

二、国礼折射出浓郁的时代背景

马克思主义哲学认为：生产力决定生产关系，经济基础决定上层建筑。从这个原理我们可以推断出，在一定的时期，国礼的选择、国礼赠送者的意图都必然带有一定的时代性，并深深烙上时代的痕迹。一方面，国礼的选择，通常是赠送国当时比较有特色的工业产品，或农产品；另一方面，赠送者也希望通过这些礼品传达一定的政治信息，如增进友谊、结盟、求和、促进贸易等等。很难说一位领导人选择外事礼品时，不考虑所处的政治与外交环境，随便拿一件商品应付敏感而又庄重的外交场合。因此，被选中的礼品通常体现了本国的经济或文化特色。

例如：1949 年 12 月，中共中央主席毛泽东以给苏联领袖斯大林祝寿为名，首次对苏联进行友好访问。既然是给斯大林祝寿，寿礼是必不可少的。考虑到苏联是一个重工业比较发达的工业国家，而中国是一个刚刚获得独立、工业基础十分薄弱、有着古老传统的农业国，传统手工业比较发达，所以政务院总理周恩来指示此次贺寿所带寿礼要以中国传统工艺品和特色农产品为主。毛泽东带去的礼品分为三份。第一份是以中共中央名义赠送的礼品，其中包括斯大林肖像丝织像 2 帧，清代蓝花瓷瓶 1 对，景泰法烧蓝茶具 2 套（共 10 件），烧瓷寿盘 1 对，象牙雕刻大花瓶 1 件，象牙雕刻宝塔 1 座，象牙雕刻龙船 1 双，象牙雕刻球 2 个，象牙雕刻八仙人 1 套，象牙雕刻女英雄 1 对，上等祁门红茶 10 斤，上等绿茶 10 斤，西湖龙井茶 10 斤等。第二份以中央人民政府和第三份以中国人民解放军名义赠送的礼品内容与第一份也大致相同。礼品还有贵州茅台酒、上海产香烟等当时中国名牌产品。中国政府希望通过这些礼品，使苏联人民增加对中国特产的了解，以便将来开展两国贸易。可以说，毛泽东所带礼品具有鲜明的时代特色，既表达了对斯大林、苏联党和政府、人民的敬意，也体现了当时中国的国情。

改革开放以来，中国的工业取得长足进步，其中以体现科技水平的电子类产业迅猛发展，相关电子产品也是日新月异。为向世界推介中国的这些产品，扩大其在世界市场上，尤其是一些发展中国家电子类产品市场的份额，为国家出口创汇，许多国产电子类产品经常被列入中国政府和领导人对外馈赠的礼品清单中。以彩电为例，2001 年 3 月，中国政府代表团出访东欧五国时，所选用的国礼之一就是海尔美高美彩电；2004 年 6 月，中国政府代表团出访非洲五国，海尔 V6 系列顶级高清等离子电视被作为国礼，赠送给突尼斯等国总统；2005 年，中国国家主席胡锦涛率团参加俄罗斯纪念卫国战争胜利 60 周年庆典时，中国赠送俄罗斯老战士们的礼品中，除了《胜利的回忆》纪念画册以外，另一份就是来自海信的 42 寸 1080P 液晶电视。这些产品不但传递了中国政府和人民的友谊，也展示了中国工业产品，尤其是电子类产品的形象，扩大了在当地的影响，为当地人民了解乃至接受中国的电子产品奠定了良好的基础。

因此，在全球经济走向一体化的大背景下，国礼不但是中国与世界其他国家之间发展友好关系的使者，在一定程度上也成为国家向外推介本国经济和文化特色的名片，具有浓郁的时代特色。

三、国礼与中国外交事件密切联系

国礼本身是人们通过劳动创造出来的产品，其中大部分可以在市场上购买到，在日常生活中通常可以看到或者长期以来一直为人们所使用。然而，当它肩负着特殊使命，走进庄严的外交场合，起着沟通国与国或领导人之间的友谊、传递政治与外交信息的作用时，就具有特殊的意义和价值。因此，从国礼的起源来说，它是外交活动的产物，与外交有着密切的联系。国家之间有了交往，才有礼品的往来，礼品的往来又在一定程度上促进了国家之间的交往，国礼因而也成为外交事件的实物见证。在世界外交历史上，通过馈赠礼品促进国家之间关系的发展、达到外交目的的事件不胜枚举，留下段段佳话。当然，国礼中的相当一部分不能用经济价值来衡量，它们只是具有象征性和纪念意义。时至今日，在当代国际交往中，领导人出访时携带礼品和被访国向来访的贵宾赠送礼品已经成为一个惯例。有的国礼是在隆重的外交场合赠送，从而使活动增添了友好的气氛；有的国礼是在亲密的氛围中赠送，这也使得领导人之间的会谈增加了话题。有的国礼上面还带有相应的文字或图案，更为活动锦上添花，也使得国礼的史料价值更为珍贵，可与其他形式的史料互为佐证。中华人民共和国成立后，中国政府及其领导人与外国互赠了大量礼品，它们与中国若干重大外交事件有着密切的联系，是中国外交事件的见证物和重要遗存。下面略举几例。

1963 年 12 月底至 1964 年初，周恩来总理率中国代表团对部分非洲国家进行友好访问，这是新中国领导人首次踏上非洲大陆。阿拉伯联合共和国（今埃及和叙利亚）是周恩来此行的第一站。在这个与新中国第一个建交的非洲国家里，中国代表团受到热情而隆重的欢迎。12 月 17 日，周恩来等人赴苏伊士运河参观访问期间，运河管理局赠给周恩来一只银刻字花边圆盘。银盘为周恩来特制，葵口，盘面文字分别用中文和阿拉伯文錾刻，正上方文字为："阿拉伯联合共和国"，中间是"为中华人民共和国总理周恩来先生访问苏伊士运河管理局留念。1963 年 12 月 17 日"。正下方文字为"苏伊士运河管理局"。银盘是周恩来此次非洲之行的实物见证。

1984 年 12 月 18 日，英国首相撒切尔夫人第二次访华，并代表英国政府出席中英关于香港问题的联合声明签字仪式。在这次访问中，撒切尔夫人向邓小平赠送了一个银铭文圆盘，以纪念这一重大历史事件。圆盘含银量为 91%，通体光亮无纹饰，盘沿刻有一行花体英文，中文意思为："在这为签署联合王国和中华人民共和国关于香港问题的联合声明而专程访问北京的重大时刻，玛格丽特·撒切尔首相赠送给邓小平主任"。目前，这件珍贵的礼品收藏在国际友谊博物馆里。

　　为庆贺联合国 50 周年华诞，中华人民共和国政府于 1995 年 10 月 21 日向联合国赠送一件珍贵礼品——青铜铸"世纪宝鼎"。当天下午，中国国家主席江泽民和联合国秘书长加利在位于美国纽约的联合国总部出席"世纪宝鼎"赠送仪式。"世纪宝鼎"禁（座）高 0.5 米，象征联合国成立 50 周年；鼎身高 2.1 米，象征即将来临的 21 世纪。鼎重约 1.5 吨，三足双耳，腹略鼓，底浑圆，四周有商周时代流行的纹饰。底座上饰 56 条夔龙，象征中华大地的 56 个民族都是龙的传人。鼎内铸有铭文："铸赠世纪宝鼎，庆贺联合国五十华诞"。鼎禁前为四个金文大字："世纪宝鼎"。鼎禁后记载："中华人民共和国赠　一九九五年十月"。整个宝鼎鼎圆禁方，造型雄伟祥和，工艺精巧缜密，古朴典雅，美观庄重，充分体现了中华民族的悠久历史和灿烂文化，也表达了中国人民对联合国的支持。现在，这尊富有纪念意义的宝鼎被安置在联合国总部大厦北花园中。

　　正是因为国礼与中国的一系列外交事件有着密切的联系，是这些事件的直接见证物，因而具有深刻的政治与外交内容，蕴含着丰富的历史信息，对于研究当代中国外交具有不可代替的历史文献价值。

四、国礼是当代中外馈赠礼仪的见证物

　　国礼的馈赠一般都比较讲究形式，也就是说馈赠礼品时要有一定的礼仪。这种礼仪一般由准备和实施两个阶段组成。准备阶段包括：根据受赠方的国情、个人喜好与禁忌选择礼品，挑选能代表本国特色的礼品，礼品清单要事先通过外交渠道通告受赠方；受赠方在看到礼品清单后要告知对方是否愿意接受礼品，准备在什么时间和什么地方接受礼品，将会安排哪些人员参加礼品赠送仪式，将会回赠什么礼品，赠送礼品的程序是什么。当受赠双方认可互赠的礼品及赠送程序后，礼品赠送形式进入实施阶段，即进入具体的礼品赠送程序。有时，为表示对该次互赠礼品的重视，主宾双方事先分别还要进行"彩排"。当然，这种礼仪与时代背景紧密联系，也是随着时代的发展而发生变化的。国礼则是这些礼仪及其变化的实物见证。在交通和信息都相对比较闭塞的古代，外国代表来访及赠送礼品是一个国家的大事。当一个国家的代表向另一个国家的领导人馈赠礼品的时候，后者往往都要在重要的活动场所，如宫殿、会客厅、重要场所的前面，召集重要助手，举行隆重的仪式，或为显示对这件事的重视，或为炫耀，并向对方回赠礼品。到了现代社会，随着人们生活节奏的加快和外交往来的频繁，外交馈赠礼仪已经大大简化。但鉴于一些外交事件的重要性，作为其重要组成部分的国礼馈赠仪式仍然比较隆重。例如有的国家为来访的外国领导人授勋一般要举行隆重庄严的仪式。授勋大厅设主席台和来宾席，授勋人和受勋人站立在主席台上，授勋国政府高级官员、受勋者随行人员及外国使节在来宾席就座。仪仗队护卫两国国旗和勋章在军乐声中进入授勋大厅，将两国国旗竖立于主席台两侧，乐队奏两国国歌，授勋人致词，并将勋章佩挂在受勋人的胸前。受勋人致答词。

中华人民共和国成立后，中国政府和领导人非常重视国礼馈赠的礼仪，并把这种礼仪作为体现中国是历史悠久的文明礼仪之邦和增进受赠双方友谊的重要形式。1972 年美国总统尼克松访华时，中美双方互赠礼品的场面就具有一定的代表性。

1972 年 2 月 21 日晚上 7 点钟，尼克松抵达中国的当天，中国政府在人民大会堂举行盛大欢迎宴会。宴会举行前，中美双方在大会堂北京厅举行了隆重的礼品互赠仪式。周恩来总理代表中共中央主席毛泽东出席仪式。当时双方的礼品分别摆在北京厅两侧铺有绿色呢绒的两张长桌子上，桌上还放有印着国徽图案的精致礼品单。当尼克松夫妇及基辛格等美方主要官员于晚 6:30 左右抵达北京厅时，周恩来、叶剑英、郭沫若、姬鹏飞、李先念及其夫人林佳媚在北京厅外迎候，之后，一起步入北京厅。

尼克松首先陪同周恩来等人观看他向毛泽东等中国领导人及中国政府赠送的礼品。尼克松此次中国之行带来许多经过精心挑选的礼品，其中送给毛泽东的主要礼品是美国著名生物学家和硬瓷烧制大师爱德华·波姆的杰作——烧瓷"天鹅之家"。尼克松当时兴致很高，亲自给在场的中方人员介绍这件礼品的来历、价值、内涵及意义。周恩来代表毛泽东和中国政府向尼克松总统致以谢意，并表示要把这件珍贵礼品好好保存下来，以后在公众场所展出。尼克松还向周恩来、叶剑英等中国领导人赠送了礼品。接着，周恩来代表毛泽东和中国政府向尼克松夫妇及其随行人员赠送礼品，并由外交部礼宾司司长韩叙——介绍礼品的产地和特色。中国政府向尼克松夫妇赠送的礼品有：双面苏州刺绣大屏风一面、玉雕"嫦娥奔月"一件、玻璃纱手抄台布一套、象牙雕工艺品等具有中国传统特色的礼品。对此，尼克松表示感谢。礼品互赠仪式结束后，周恩来与尼克松等人共同进入宴会大厅。

可以看出，外交馈赠礼仪与国礼是互为表里的，是人类文明发展的重要标志，是外交的重要组成部分。

总之，中华人民共和国国礼是当代中国外交中一道亮丽的风景线，它在传递中国人民和世界人民友谊、展示人类优秀文化传统和智慧的同时，也为庄严隆重的外交场合增添了雅致，并因为见证这些外交事件而成为弥足珍贵的政治与外交实物史料。

博物馆营销理念及营销策略探论

项朝晖

一、引言

随着我国市场经济体制的逐步完善，博物馆的经营不可避免地会受到市场规律的影响和制约。博物馆过去那种以国家投入经费进行藏品保护、研究与展示的相对封闭的运作方式，将逐渐被以谋求最大限度地发挥社会效益、与区域经济社会相协调的开放式经营所取代。博物馆营销是新的历史条件和形势所催生的必然产物，它是博物馆适应社会环境变化谋求自身发展的需要，同时也是社会对博物馆提出的新的需求。因此，在具有中国特色的社会主义市场经济条件下，不管是作为文物事业单位的博物馆还是民营的博物馆，博物馆营销对博物馆人来说必定是一个不得不认真思考的课题。本文不揣浅陋，试结合国际友谊博物馆（以下简称友博）的营销实践，由点及面，对博物馆的营销理念及营销策略作一初步的探讨。

二、市场营销与博物馆营销的内涵

所谓市场营销，是指"个人和组织通过创造产品和价值并同他人进行交换以获得所需所欲的一种社会及管理过程"（菲利普·科特勒）。

20 世纪 50 年代，理查德·克鲁维（Richard Clewett）在总结前人关于营销理论的基础上，提出了"3P+1D"为核心的营销理论框架，3P 即 Product（产品）、Price（价格）和 Promoting（促销），1D 即 Distribution（分销）。20 世纪 60 年代，杰里·麦卡锡（Jerry McCarthy）将"分销"用"地点"（Place）替换，提出了目前广为流传和广泛接受的著名的"4P"理论。后来，学术界又有人提出 People（人）、Packaging（包装）、Payoffs（报酬）等"P"观点。其中影响较大的是被誉为"现代营销学之父"的菲利普·科特勒所提出的"大营销（Megamarketing）理论"，他将"4P"发展为"6P"，增加了 Politics（政治）和 Public Relations（公共关系，简称公关）等两个成分。

4P 营销组合是相辅相成的策略组合，其本质是让营销过程理性化，以便更好地操控营销行为。伴随着整合营销传播而来的 4C 营销理论，即满足消费者的需求（customer's need），消费者愿意为之付出的成本（cost），方便消费者购买的渠道（convenience），把促销作为与消费者的沟通（communication），使得市场营销观念从传统的以产品为中心发展到现代的以消费者为中心。以产品为中心实质是以生产为中心，以消费者为中心实质是以推销为中心。形象地说，传统的市场营销观念是"酒香不怕巷子深"，而现代的市场营销观念是"酒香也怕巷子深"。只有二者并重，才能赢得永久的市场和客户，这就要求企业从产品策略到满足需求策略都要认真加以实施。

从营销的角度来说，产品是一切营销行为的开始。没有产品，一切都无从谈起。品质决定产品营销的效果。从消费者的需求出发去设计产品能缩短消费者的接受过程。对于博物馆来说，"产品"就是展品。少数博物馆的藏品及其馆舍建筑本身都具有得天独厚的竞争优势，通过媒介宣传和人们的口耳相传，自然就有人心向往之，如故宫博物院。其他没有名贵收藏品的博物馆，在营销上就更需要注重品质，研究营销策略，才能赢得观众的青睐。

基于上述理论和观点，笔者认为博物馆营销的内涵是：以满足社会公众的精神文化需求为出发点，按照市场运作方式，有目的有计划地策划、设计并陈列藏品，为公众提供满意的服务作为自身价值的体现。它是一个综合的经营管理过程，服务并满足公众贯穿于博物馆经营活动的全过程。

大家知道，博物馆是非营利性组织。所谓非营利性组织（Non-profit Organization）简称NPO，是指不以营利为目的、从事社会公益事业的机构、组织和团体。它介于政府组织和营利组织之间，以服务公众、满足社会需求为宗旨。作为非营利性组织，博物馆营销不是靠利润动机的驱使，而是靠固有使命的引导，靠财政拨款或外部支持来实现其组织内部的协调运作，通过组织成员的聪明才智，参与社会经济活动，通过多种经营方式，获取比较稳定的收入，并将这部分盈余额用于社会公益事业及博物馆事业的扩展。

笔者认为，博物馆营销可以基本遵循"4P"和"4C"理论，而作为特色鲜明但缺少固定展厅、在中国境内独一无二的友博，也许更适合"6P"+"4C"理论，而且其中的Politics（政治）与外交关系密切。

三、国际友谊博物馆的营销实践及其启示

由于没有展厅，友博人树立起"一手抓生存，一手抓发展，做好国礼文章，打造友博品牌"的信念，一个自筹备建馆算起近30年的年轻博物馆走出了一条不同寻常的营销之路。

1. 借壳上市，在北京的故宫博物院、北海公园天王殿、原中国革命博物馆二楼展厅先后举办《世界工艺美术品展览》、《国际友谊珍贵礼品展》等基本陈列达16年（1983.5～1999.1）之久。

2. 实施整合营销的策略，借助馆际合作以及与企事业单位的合作，实现优势互补；"走出去"，化被动为主动，先后与兄弟省区市的博物馆、美术馆、图书馆、纪念馆、陈列馆、科技馆、博览会、文化城、商品城、少年宫、儿童娱乐城、文化中心、艺术中心、贸易中心、展览中心、大剧院、文化局、居委会、街道、老干部活动中心、学校、饭店等合作，举办了《中日友好图片展》、《国际友谊珍品展览》、《外国工艺美术品展览》、《茶文化展》、《和平友谊未来图片展》、《总统礼

品特展》、《国务活动珍贵礼品展》、《非洲雕刻艺术展》、《世界瑰宝——各国政要赠送我国三代领导人礼品精粹展》、《我们的朋友遍天下图片展》、《开国领袖外交礼品展览》、《老一辈党和国家领导人外交活动礼品展》、《从中南海到五大洲——国际珍贵礼品展》、《国礼精品展》、《至尊国礼》、《天地精华》、《乐舞缤纷》等多种形式的展览，收到了良好的社会效益和一定的经济效益。

3．为了配合展览，收到更好的宣传效果，配套出版了《世界瑰宝》、《毛泽东和国际友人》、《刘少奇和国际友人》、《邓小平和国际友人》、《周恩来和国际友人》、《至尊国礼》、《国礼荟萃》、《我们的朋友遍天下》、《国礼背后的故事》、《国礼神州行》、《邓小平外交礼品特展》、《东盟十国国礼特展》、《天地精华》、《乐舞缤纷》、《和平礼赞》等多种图录和著述。这些图录和著述随展赠送给特邀嘉宾，同时出售给观众，为观众深入了解外交礼品提供了方便。

4．不定期出版馆刊《中国国际友谊》，对内起到交流研究成果的作用，对外进一步树立了博物馆的品牌形象，同时也为文博爱好者打开了知识之窗、方便之门。

5．实施品牌策略，推出"国礼神州行"大型系列巡展。2005年4月至今，已在河南、新疆、广东、陕西等省区先后举办了"国礼中原行"、"国礼新疆行"、"国礼南粤行"和"国礼老区行"展览。这里仅以"国礼中原行"的营销实践为例，简单加以说明。

2005年4月～12月，"国礼中原行"在河南的郑州、南阳、鹤壁和三门峡四个城市先后举办，历时8个月，观众累计近4万人次。这次巡展，友博与郑州市博物馆、河南大河传媒资讯策划有限公司等合作，借助《大河报》、河南报业网等媒体资源对展览活动进行全程跟踪报道，加上在展出地开辟专柜销售配套的光盘、图书和国礼复、仿制品，充分利用"五一"和"十一"两个黄金周，收到显著成效，观众反响强烈。承办方之一的三门峡市博物馆则采取与仰韶酒业有限公司联姻的方式，为出资的仰韶酒业提供冠名权，同样取得了社会效益和经济效益双丰收。不难看出，这种博物馆营销有两个层面：一是友博与地方博物馆合作；二是地方博物馆与传媒、酒业等的合作。这种市场化运作之所以取得成功，是因为充分利用了各自的资源，对友博来说，更避免了"水土不服"。应该说，这是一次有效的博物馆营销尝试。

6．树立信息营销理念，实施网络营销策略。友博已在互联网上建立了自己的网站，许多珍贵礼品已被扫描到网站上，方便网友浏览和商家参考。

友博的营销实践提供了三点启示：

启示一，审时度势，找准卖点，借势造势，做足文章。友博的藏品特色鲜明，卖点是承载着中外友谊的礼品，规格高，异域文化气息和艺术气息浓烈，在宣传外交成就及中外友谊等方面有着不可替代的优势。

启示二，开放办馆，准确定位，找准伙伴，精诚合作。友博充分利用文博系统内的横向联系和馆内、外的人脉资源，促进馆际合作以及与文化经营公司等的合作，变异地为本土，搭建交流平台，赢得人气指数，扩大了展品的展出效益。

启示三，与时俱进，打造品牌，创新形象。友博利用宣传媒介和每一次流动展览所搭建的平台，树立自身品牌形象。

四、博物馆的营销理念与营销策略

在计划经济体制下，我国的博物馆作为事业单位，不以营利为目的，运营经费由国家财政投入，藏品资源相对不变，陈列、展示的内容很少更新，博物馆员工基本不关心观众的数量。博物馆的教育功能发挥十分有限，或者说投入与产出不成正比。

博物馆尽管是一个以创造社会效益为己任的非营利组织，但是不可否认，它也有着完整、系统的运营过程，也同样要考虑投入与产出，考虑如何满足消费者（即观众）的需求，为消费者所接受，实现其存在价值。随着我国市场经济体制的确立和进一步完善，博物馆运营也要遵循市场规律，讲求有效的市场营销。

博物馆的营销理念，可以基本借鉴传统的市场营销理念，并融入现代市场营销理念的一些新元素，具体说就是实施人本理念，以观众为本，展品及展品设计让观众满意，并重视观众的意见和建议，改进管理和服务，为博物馆赢得更多观众。

博物馆的营销策略是指在市场经济条件下，博物馆根据内外环境变化，对自身的经营与销售进行预测和决策，以提高社会效益为主要目标，创造性地组织经营销售活动的策略。传统营销理论认为，营销策略（marketing strategy）包含三大要素：目标市场；定位；营销组合。制订营销策略时，首先要通过市场细分（market segmentation），确定目标市场（target market）；然后结合形势要求或流行走向，针对目标市场潜在观众的分析，确定展品定位（Marketing Positioning）；最后，根据目标市场的不同、定位的差异，考虑营销组合策略。

参考上述的市场营销理论，我们认为，博物馆的市场营销应着重做好以下工作：

第一，做好市场调查和市场定位。

市场调查是博物馆有效运营的基础，博物馆的运营是以观众需求为导向，不断满足观众的需求，最大限度地实现博物馆的社会教育功能。市场调查实质就是了解大众的精神文化需求（包括现实需求和潜在需求）以及大众的文化品位、兴趣和文化购买力。不同的观众有不同的需求，因此，博物馆应根据自身的藏品尤其是特色藏品的特征对展览市场进一步细分，细分的变量包括：地理因素（地区，城市）、人口因素（年龄、性别、收入、职业、文化程度及文化品位等）、心理因素（社会阶层、生活方式、个性）等。在明确不同的消费群体对博物馆产品的需求后，定位策略便成为博物馆藏品展出成功的关键之一。在定位的过程中，策划者需要考虑的问题是：目标市场选择定位是否准确？目标市场的文化购买力如何？广告宣传策略是否能够配合营销定位？

第二，做好主题策划与展品设计。

博物馆的展品通过不同的组合，会形成不同的适应展示主题的结构系列。如何顺应时代要求，顺应政治形势，顺应观众的审美情趣，关键看设计者有没有准确把握市场定位，有没有鲜明而突出的主题，有没有人性化的展品设计。所谓人性化的展品设计，简言之，就是设计要从观众的需求出发，方便观众观赏，让观众参观展示后，不仅能开阔眼界、从中学到知识受到教育和启迪，更重要的是要有一种审美愉悦感，从而在潜移默化中提升素质。

第三，为观众提供周到的服务。

由于观众不能购买展品只能欣赏展品，因此，博物馆的经营在完成上述步骤后，主要体现在合理陈列并提供优质服务。服务要做到：配备讲解员，讲解要简明扼要，注意感情，注意语音语调语速，让观众能听懂看懂所展示的内容；允许观众提问，并不厌其烦地做出回答，满足观众的基本需求；就展览的内容和形式征询观众的意见和建议，或是请观众留言，及时了解观众的心理动态和潜在需求，以便改进今后的展出工作，增强博物馆的吸引力。

第四，适应信息时代的要求，树立信息营销理念，以网络信息平台与其他媒介为依托，有效促进博物馆与社会的信息沟通。

随着社会大众物质生活水平的不断提高，他们的精神文化生活也要求日益丰富多彩。博物馆不能再"养在深闺人未识"，只是少数文化人的光顾之所。信息就是商品，信息就是财富。信息营销理念必将带来市场营销学的一次革命。菲利普·科特勒说得好："要管理好一个企业，必须管理它的未来；而管理未来就是管理信息。"同样的道理，在博物馆的营销活动中，信息影响着营销理念的树立、营销组合的策划、营销策略的制定、营销实务的操作、营销过程的控制以及营销结果的反馈等营销全过程。因此，借助网站、馆刊、报纸、问卷调查、电台咨询等，建立起博物馆与社会公众的沟通尤其是双向沟通，会收到良好的社会效益与经济效益。

这里要着重提一提网络营销。网络营销在国内正处于相对发展的阶段，机会多，成本低，形式灵活，对于全面、深度展示博物馆形象是一个难得的宣传平台。对于名不见经传的博物馆来说，有效的网络营销有助于博物馆提高知名度、树立品牌、建立营销渠道等。但是，网络营销需要深厚的网络知识、丰富的网络经验甚至专业的技术，所以对于博物馆来说，如果看重这个平台，就要引进专业技术人员和现有的策划、设计人员一道用心打造，如应用FLASH等技术对博物馆的管理、特色及藏品进行形象包装，让网民（也是潜在的观众和播种机）在视听享受中完成对博物馆的认同。

第五，吸纳社会资源，开门经营博物馆。

除了博物馆与博物馆之间开展馆际合作以外，博物馆要想方设法通过与社会各团体尤其是文化经营公司的合作，实施"走出去，请进来"的战略，充分利用社会资源和自身资源，实现合作双方共赢。这就要求博物馆搭建公共关系平台，加强与企事业单位的沟通，通过开放搞活，树立起良好的品牌形象和赢得广泛的社会声誉。

值得指出的是，由于博物馆与博物馆之间各自具有不同的特点，如占有的资源不同、所处的区域环境不同等，因此博物馆在具体的营销策略方面会有差异。

总之，博物馆营销可以套用"营销组合"战略的"四个合适"，即把合适的展品，以合适的门票，在合适的地点，用合适的方式展出，以便更好地满足对公共文化产品有兴趣的观众的精神需求，某种程度上，甚至可以说是观众视觉与心灵的盛宴。

五、结语

市场经济体制下的现代博物馆营销是一个崭新的课题，需要所有博物馆人在新的实践中思考、探索、总结、提炼，既要把博物馆的社会效益放在第一位，进一步丰富和充实人民群众的精神文化生活，不断提升他们的文化素养和审美情操，也要注重博物馆的经济效益，使其经济上有能力加强研究、挖掘整理，从而面向社会公众展示出更多的精品。就此而言，探讨博物馆的营销理念及策略，对促进博物馆建设、提升博物馆的管理水平和竞争能力、使中国的博物馆适应全球化的大背景走向世界均大有裨益。

博物馆营销没有捷径，关键在人。对展品如何进行结构化设计，如何进行市场定位，如何进行主题和形象宣传，都需要人的智慧和真诚。只有对市场和观众有了透彻的分析，对市场价格有了准确的评估，对展品的看点与观众的品位有了认真的揣摩，才能说懂得了营销之道。营销是一个系统工程，营销理论创新的过程其实就是理解消费需求的过程，不断改进和提升服务水平的过程。需求是变化的，所以营销策略和营销手段也要与时俱进，不断创新。

参考文献：

[1] 李文儒主编：《全球化下的博物馆》，文物出版社 2002 年。

[2] 菲利普·科特勒：《营销管理》（第 11 版），上海人民出版社，2003 年 10 月。

[3] 李岩、赵昌平、时建人：《非营利组织人文化营销模式研究》，《商场现代化》2006 年 11 月（下旬刊）。

[4] 钟育赣：《"整合营销"：概念辨析》，《当代财经》2006 年第 10 期。

[5] 孟庆金、耿玉德：《现代博物馆经营理念创新研究》，《大连理工大学学报》（社会科学版）第 26 卷第 1 期，2005 年 3 月。

[6] 侍晓雅：《论文化营销与品牌建设》，《昌吉学院学报》2006 年第 3 期。

[7] 张义、曾方芳：《营销创新的系统模型构建与解析》，《中国物价》2006 年第 10 期。

[8] 杨俪俪：《生态博物馆——经济与文化的思考》，《中国博物馆》2001 年第 3 期。

[9] 宋颂译：《美国大都会艺术博物馆关于外地观众研究的报告》，《博物馆研究》1988 年第 4 期。

[10] 国际友谊博物馆编：《中国国际友谊》第三卷，文物出版社，2001 年 12 月。

陈列展览内容文本编写中的若干问题

相瑞花

伴随着我国文化事业的发展，博物馆陈列展览水平不断得到提升，在社会主义精神文明建设中发挥了重要作用。然而，从全国角度来看，博物馆整体发展尚不平衡，陈列展览存在着重形式轻内容的倾向，内容设计已严重滞后于形式设计。正如浙江大学教授严建强所说：在目前中国博物馆事业方兴未艾、新建博物馆如雨后春笋般破土而出之际，"博物馆的形式超过了内容，博物馆的建筑超过了展示"。复旦大学教授陆建松也指出："现在，博物馆展示水平之所以不高，关键是内容文本粗糙，仅仅是一个简单的大纲。"陈列内容文本编写各行其是，水平参差不齐，有的只是一个简单的展品目录。陈列内容文本的编写水平亟待提高。

本文拟从内容文本的前期研究、内容文本的编写标准、陈列大纲的框架体系、陈列方案的细化设计，以及内容文本的审查与评估五个方面进行探讨和阐述。

一、内容文本编写的前期研究

王宏钧先生在《中国博物馆学基础》中指出："博物馆陈列是在一定空间内，以文物标本为基础，配合适当辅助展品，按照一定主题、序列和艺术形式组合成的，进行宣传教育、传播文化科学信息和提供审美欣赏的展品群体。"其中，陈列内容文本的编写至关重要。它是陈列展览的基础、形式设计的"脚本"、招标工作的依据、宣传推广的素材，体现了博物馆的文物收藏和科学研究水平，是博物馆设计部门、藏品管理部门和社会教育部门等通力合作的结晶。

陈列内容文本的编写包括陈列大纲和陈列方案两个阶段。陈列大纲是陈列的纲目，陈列方案是对大纲的具体化。编写陈列大纲之前，首先要对陈列展览所涉及的内容进行充分研究和资料准备。其范围主要包括：陈列主题的研究；陈列主题所要表现的有关学科内容研究；表现陈列主题所需要的文物、标本及其他辅助资料研究。

（一）陈列主题研究。陈列主题是陈列展览的灵魂，大纲编制的核心。对于业内存在着的陈列主题确定之后再进行内容文本编写的观点，笔者认为不能一概而论。因为展览工作组接受任务时，往往只有一个展览题目，或某个馆的基本陈列，或某个人物的纪念展，或某个考古发掘展等，并无明确的主题表述。即便有的展览在申报立项时，提出了展览主题的理念，但仍需进一步提炼和深化。这就是说，陈列主题的研究应是内容设计中首先要进行的重要工作，只有确定了明确的主题，才能编写出高质量的内容文本。

（二）陈列主题所反映的学科内容研究。博物馆展览的宗旨是对大众进行思想文化传播，所反映的内容必须客观、真实、准确，必须建立在学术研究基础上。研究成果作为博物馆展览的学术基础，起着深化和揭示展览主题的作用。

1. 与陈列展览相关的专业理论研究。一方面，凭借业务人员对于陈列展览所涉及的专业理论的长期积累。若馆藏是历史性质的博物馆，研究人员就要具备历史学研究的理论基础，这样才能对陈列展览的背景资料应用自如。另一方面，借鉴国内外相关专业领域的理论研究成果。因为博物馆不是大学和社科院，研究涉及面广而"博"，但深度不足，内容设计师要善于借鉴专而"深"的研究成果。

2. 相关科学领域的研究动态。只有掌握了相关领域的最新研究动态，尤其是被业内公认的、代表主流观点的研究成果，才能使陈列内容文本达到较高水准。如对抗日战争中正面战场的评价问题，在史学界经历过一个从片面到客观的评价过程。陈列展览就应根据学术研究的新成果，全面反映中华民族全面抗战的历程。

3. 相关知识及资料研究。内容文本编写人员应根据展览选题，大量阅读和研究相关专业知识资料和博物馆相关展陈资料，为撰写内容文本进行文字信息储备。这里应特别注意的是，内容资料的积累与研究要点面结合、宏观和微观结合，不能"铁路警察，各管一段"。如编写《近代中国陈列》内容文本，就要以近代中国的历史为基础"点"，宏观上对古代史和当代史有所了解。因为前者是近代中国历史的背景，后者是近代中国历史发展的结果。唯有此，才能使内容文本站在一个高起点上。

遗憾的是，许多博物馆的内容研究人员对专业理论、研究成果、档案资料以及故事资料等，缺乏系统研究。这势必影响到对陈列内容的把握和提炼，故应引起高度重视。在今年实施的全国一级博物馆运行评估指标体系中，就把科学研究作为一项重要指标，具体包括承担科研项目、科研成果，举办或参与学术会议等内容。这一导向，必将带动博物馆的学术研究，从而促进内容文本编写水平的提升。

（三）表现陈列主题所需要的文物及其辅助展品研究。博物馆的展览不同于写书，它主要是以文物及其辅助展品等形象资料为媒介进行信息传播。展品形象资料的丰富程度和质量高低直接影响到展览的效果和质量，因此形象资料的收集和储备对博物馆的展览十分重要。

1. 文物

文物是陈列展览中最重要的载体。内容设计人员要善于根据展题，进行文物摸底。即一方面通过查阅馆藏文物的档案资料，以及馆藏文物图录，了解哪些可以展出；另一方面通过调查了解考古发掘、社会收藏、媒体资料等信息，以及其他博物馆馆藏，了解馆外有多少文物可以借展或征集。简而言之，要对与选题有关的文物尽可能全面掌握，做到心中有数。例如，

1997年中国革命博物馆根据中央领导指示承办香港回归展,展馆设在1100平方米的中央大厅。经过摸底,设计人员得知当时只有十几件馆藏文物可以上展。随后,筹展组将征集作为工作的重中之重,通过大量阅读、研究有关书刊,到国务院港澳办、社科院近代史研究所、中英联合联络小组调研,获得征集线索,最终征得文物百余件(套),图片百余张,所办展览获得各方面欢迎。

2. 辅助展品

辅助展品包括:科学性的辅助展品——地图、图表、照片(某些原版照片为文物)、拓片、模型、沙盘等;艺术性的辅助展品——绘画、雕塑、半景画、全景画、造型艺术、景观设施等。在当代陈列展示中,辅助展品已成为不可缺少的组成部分。其创作以研究资料为基础,与陈列风格相协调。许多辅助展品已成为科学和艺术的综合体,传世的经典佳作,如中国国家博物馆馆藏雕塑《艰苦岁月》等。

内容设计人员在编写文本之前要了解:(1)馆藏辅助展品有哪些,是否还可以继续利用?譬如,随着时间的推进,研究的深入,一些地图、图表、沙盘的信息已经发生了变化,不宜再次利用,需要重新设计制作。(2)现代科技手段在博物馆中的应用情况。现代博物馆日益注重应用新技术拓展、延伸博物馆展示的空间和效果,在有效空间里最大限度地扩充展览的信息量。内容文本的编写者要主动了解现代科技展示手段,特别是多媒体技术在陈列展览中应用的可行性和应用范围,并针对陈列展览需要,选择适宜的内容要点进行辅助展示。

现实情况是,一些博物馆对于基础业务工作没有给予足够重视,要么实物展品的储备欠缺;要么背景资料不清晰不全面,给内容文本的编写造成困难。所以,博物馆要高度重视日常的文物征集和资料整理工作,内容设计人员要加强文物和资料积累。记得一些博物馆搞陈列设计的老同志,为积累馆藏资料,不惜将文物、标本,以及常用的辅助展品都逐件抄录在本子上,做到胸中有数,这种方式尽管"原始",但很有效,设计人员据此能够很快地遴选出最具代表性的展品。

显而易见,与陈列展览相关的专业理论研究,以及表现陈列主题所需要的文物及其辅助展品研究,是进行陈列内容设计和编写内容文本的基础。研究得深入与否,是能否编写出高水准的内容文本的关键。此外,内容文本的编写者还需熟悉展出场地的面积和空间布局、了解展览经费的投入情况、调查观众目标群体的需求等,以便确定展品数量、体量和展出风格。通过将学术问题通俗化、复杂问题简单化、知识问题趣味化和理性问题感性化的创作设计,编写出可操作性强、水准高的内容文本。

二、内容文本的编写标准

编写内容文本是陈列展览实施的第一步。编写之前,有必要先制定出相应的编写标准,以便内容设计人员按照统一的规范进行运作。编写标准主要包括:编写体例标准;鉴选文物标准；选择辅助展品标准；文字撰写标准等。

（一）编写体例标准

编写内容文本首先需要确定的是编写体例，即编写格式。一般体例可简略为：

展览标题

指导思想和基本原则

前言

一级标题若干（如展览规模大，可下设二、三级标题）

文物、辅助展品

结束语

（二）鉴选文物标准

文物是陈列展览的物质基础。设计人员要在全面了解馆藏信息的前提下，鉴选出与陈列主题紧密联系，最具代表性的文物。

展出文物的鉴选标准主要包括：1. 根据展览的类型和性质，选择文物。以艺术类和革命纪念类为例，前者突出文物本身，以代表某一时期工艺制作、艺术水平且精美的为主；后者突出陈列主题，强调思想内涵。2. 根据展厅的文物保存环境，选择适宜展出的文物。国际博协提倡文物保存环境要符合"稳定、洁净"的要求。然而，据中国文化遗产研究院所作的"全国馆藏文物腐蚀损失情况调查"显示，我国文物系统国有文物收藏单位的库房和展厅中，馆藏文物腐蚀相当严重。究其主要原因在于藏品保存环境未能得到有效控制。所以，选择文物时务必考虑展馆是否具备恒温恒湿条件，以及展出的时间、地点等因素。如冬日的北京非常干燥，尽可能不要选择木质、牙雕等易干裂文物。3. 根据展厅的面积、高度、承重选择文物。这些因素影响展出文物的数量、体积和重量。如国际友谊博物馆2008年在中国人民革命军事博物馆举办国礼展时，本来设计师希望上展一架前苏联领导人赫鲁晓夫送给我国领导人毛泽东的钢琴。这件礼品价值高、品相好，但由于不符合展馆承重要求，只能忍痛割爱。4. 尽可能兼顾不同时期、地区、类型和工艺等，全方位体现文物价值。5. 以本馆藏品为主（引进展览除外），借展少量馆外精品，以丰富展览内容。如国际友谊博物馆举办的《世界瑰宝》展，所选文物兼顾亚、欧、美、非和大洋洲等不同地区，金、银、铜、玉、木等不同类型，并向中办借展了百余件礼品，以保证内容的完整性。

（三）选择辅助展品标准

选择辅助展品时要注重以下因素：首先，弥补展览中文物的重要缺项。虽然博物馆陈列是以文物为重要载体揭示展览主题，但受到馆藏局限，在陈列展览中重要且不可缺少的内容没有文物可以上展时，可以通过辅助展品弥补。例如：中国国家博物馆《近代中国》陈列中的油画《中国同盟会成立》，弥补了缺少有关形象资料的不足；孙中山领导的十次武装起义图表，更是令革命的艰难和革命者的牺牲精神一目了然。其次，在展览中画龙点睛、深化主题，使展览内容丰富多彩，更具可视性。如军博《我们的队伍向太阳》展览中，1998年抗洪场景给观众留下了深刻印象。再次，互动项目的设置，拉近了博物馆与观众的距离，使观众在参与中获得知识和享受，也是重要的陈列展览辅助手段。如最常用的触摸屏互动项目，以及通过多媒体技术进行的戏曲、音乐、影视等演示和播放等都受到观众欢迎。但要切记博物馆陈列要以文物为主，辅助展品不能喧宾夺主。现在的问题是辅助展示过多，在全国十大陈列展览精品评选的申报材料中，有的展陈现场三分之一是辅助展品，效果图上甚至看不到展柜和文物，陈列室变成了展览馆。

总之，在展品选择过程中，首先要根据内容文本编写需要和馆藏特点，充分考虑到所需的相关文物资源，之后经过认真研究和分析，选择必要的辅助展品。

（四）文字撰写标准

为使文本规范、专业，内容设计人员动笔前，要先行确定共同遵循的文字撰写标准，做到言简意赅、深入浅出、通俗易懂，实现科学性和生动性相结合。

文字说明一般分以下几种：1. 标题说明，含展览标题、单元标题、组标题，有的还需要加要点标题或文物组合标题。展览标题一般为一句话，或主副标题的形式。如《黑土英魂》（东北烈士纪念馆）；《生命之旅——古生物化石及柳州史前文化陈列》。其他标题则多在内容准确的前提下，进行文字修饰。2. 概述性说明，含前言说明、单元说明，以及组说明等。这些概述性说明是连接整个内容文本的枢纽，由此构成了整个陈列体系，并串起了展厅里所有的文物标本和辅助展品。如果说前言说明是对于整个展览内容的宏观概述，其他则是对于单元或组内容的具体概述。为吸引观众，内容编写力求科学、生动。考虑到单元版制作，外文翻译，以及观众参观需要等因素，一般而言，前言500字以内、单元说明300字以内比较合适。3. 展品说明，一般分为简要说明、重点说明等。展览类型不同，文字说明体例也不相同。古代类的基本要素为文物名称、年代、尺寸、出土时间、收藏单位等，近现代类的基本要素为时间、地点、人物、事件等，字数一般在100字以内。重点说明则包括对于文物的历史意义、艺术价值、工艺特色等的介绍，字数可适当放宽。文字说明要体现以人为本的精神。

例1. 铜斝说明：

铜斝

夏代

通高31.5厘米，口径17.2厘米

1984年河南省偃师县二里头出土

中国社会科学院考古所藏

这是一条简要说明，但文字说明却没有体现不同层次的观众需求，文字晦涩难懂，"斝"字很多人不会读，铜斝的用途很多人不知道。故宜在不常见的字后加注汉语拼音——铜斝（jiǎ），不常见的物后注明用途——用来盛酒的器具。

例 2. 庆祝抗战胜利的系列图片说明：

　　a．中国人民历经 14 年浴血奋战，终于迎来了抗日战争的胜利。这是中国人民百年以来反抗帝国主义侵略的第一次完全胜利。图为延安各界欢庆抗战胜利的集会。

　　b．东北人民欢庆抗战胜利

　　c．台湾人民欢庆抗战胜利

在这组系列说明中，a 是重点说明，或称揭示性说明、打头说明，交代了中国人民历经 14 年抗战，取得胜利的内容。b、c 是简要说明。主题展览中采用这类说明可使线索更加清晰。

例 3. 瓷塑天鹅说明：

　　1972 年 2 月，美国总统尼克松首次访华时赠给中共中央主席毛泽东的礼品——瓷塑天鹅。这件礼品由美国新泽西州波姆艺术陶瓷中心烧制。该中心创始人波姆是美国著名的生物学家和陶瓷艺术大师，瓷塑天鹅是其晚年杰作。作品成功地将天鹅繁衍、爱抚后代的神态形姿，塑造得惟妙惟肖，大小天鹅、花木虫草无不细腻逼真，盎然成趣，呈现出安谧、和谐的优美意境。

这是一件艺术类外交礼品说明，设计师用优美的语言概述了文物的历史、艺术和工艺价值。

关于文体，有专家主张体例统一。笔者认为整个展览中文字说明的文体不一定完全一致，标题、前言及其概述性说明的文体和具体展品说明的文体可不相同，前者应更多地注重文字修饰，可采用散文体，后者则更多地注重严谨准确，宜采用说明文的写法。这个问题已经引起了很多博物馆的重视，有许多成功范例。从某种角度讲，如果能使观众不把阅读博物馆文字当成一种负担，而是一种美的享受，这个内容文本就是成功的。

难能可贵的是，已经有一些内容设计师不拘一格，在文字说明上创新思路。如《世纪伟人——邓小平百年诞辰纪念展览》，打破内容设计者自己编写文字说明的模式，精选邓小平自己的一段话作为各部分的概述性文字，凸显思想、涵盖内容。例如：第一单元"走出广安"中选录的是"我自从十八岁加入革命队伍，就是想把革命干成功，没有任何别的考虑，经历也是艰难的就是了"。第二单元"戎马生涯"中选录的是"我是一个军人，我的职业是打仗。我二十五岁领导了广西百色起义，建立了红七军，从那时开始干军事这一行，一直到解放战争结束"。第四单元"非常岁月"中选录的是"我一生最痛苦的当然是'文化大革命'的时候。其实即使是在那个处境，也总相信问题是能够解决的。外国朋友问我为什么能够度过那个时候，我说没有别的，就是乐观主义"。第五单元"小平你好"中选录的是"我荣幸地以中华民族一员的资格成为世界的公民。我是中国人民的儿子，我深情地爱着我的祖国和人民"。邓小平的话亲切自然，平实简洁的语言中蕴意着深刻的道理，不断深化着整个展览的主题思想，效果很好。

此外，编写内容文本时，还要注重在专业术语、纪年方面，采取通用的、统一的标准；字体、字号、数字符号和标点符号相对一致等。这些看似小事之处，却体现了陈列展览规范和精细的程度。如在陈列展览中利用复制品，则一定要注明"原件藏于何处"，表明展览的科学性，以及对于文物收藏者和参观者的尊重。

三、陈列大纲的框架结构

陈列大纲即陈列纲目，一般包括指导思想、基本原则和框架结构。以川陕革命根据地博物馆基本陈列为例：

展览题目：主标题——川陕壮歌
　　　　　副标题——川陕革命根据地斗争史陈列

（一）指导思想

川陕革命根据地斗争史陈列是四川省巴中市川陕革命根据地博物馆的基本陈列。陈列以马列主义、毛泽东思想和中国特色社会主义理论为指导，以红四方面军和川陕人民创建川陕革命根据地的斗争为主线，按照中央关于两个历史问题决议的精神，突出表现红四方面军英勇善战，发动群众开展土地革命，在极其艰苦的条件下创建川陕革命根据地，发展成为中华苏维埃共和国的第二大区域，并有力地配合全国红军北上抗日，为中国革命做出的重大贡献。

川陕革命根据地斗争史陈列，对广大群众特别是青少年进行爱国主义、集体主义、社会主义和革命传统教育，弘扬中华民族精神，激励人民群众为构建社会主义和谐社会，实现中华民族的伟大复兴而努力奋斗。

（二）基本原则

1. 坚持唯物史观，实事求是地表现历史事件和历史人物。

2. 内容设计以历史时序为主，适当辅以专题，注意将川陕革命根据地的历史置于中国革命史的大背景中去展示，充分反映川陕革命根据地和红四方面军对于中国革命的贡献，体现党的领导。

3. 精心鉴选展品，加强文物组合，突出展示重点，彰显地方特色。

4.加大科技含量,适当采用声光电等展示手段,增强陈列的可视性和艺术感染力。

5.对形式设计做必要提示,实现内容设计与形式设计的最佳结合。

(三)框架结构

第一部分　川陕曙光

第一单元　川陕边地区的早期革命活动

第一组　川陕边人民的苦难生活

第二组　川陕边中共党组织的建立

第二单元　川陕边人民的武装斗争

……

第二部分　烽火燎原

……

在这个内容文本中,展览标题是以陈列主题为基础,对于展览内容的浓缩、提炼和概括。一般情况下,陈列展览总标题,是从陈列展览立项时所界定的初步理念,历经陈列主题论证、陈列大纲编写,在相关业务人员和专家、领导反复思考、讨论的基础上,以准确的定位、运用精炼的文学修辞而形成的。指导思想,是整个展览(包括内容文本但不限于内容文本)的指导性原则。包括陈列性质、主题、内容,以及所要达到的目标。基本原则,则是设计人员在陈列大纲编制中所遵循的原则,包括对于内容设计和形式设计的要求。

框架结构如同一本书的目录,对于整个大纲起到提纲挈领、纲举目张的作用。内容设计师将展览内容分解成若干部分,目的是通过各部分内容,从不同角度,或不同层面揭示陈列展览的主题。确定将展览分为几个部分,主要取决于陈列内容需要、展厅面积和经费等因素。各部分的比例要大致均衡。如果文物丰富、内容较多、展厅较大,可将各部分内容再分解,形成第二级标题,必要时下面再分设组。其中,一级标题是主要环节,由此搭建成内容框架结构。从展示效果看,大纲标题不宜超过三级。

展览框架的体例并无统一要求。历史类、纪念类陈列展览多为时序性、专题性或时序和专题相结合的体例。艺术类、考古类陈列展览多采用按照质地、地域划分的体例。

四、陈列方案的细化设计

陈列方案是陈列大纲的具体化,亦即陈列的具体计划。陈列方案中不仅包括陈列展览所需的各种文字说明,还包括文物标本和辅助展品等全部陈列品。

陈列方案编制流程分为以下步骤:根据陈列大纲的结构层次鉴选文物;选定辅助展品;进行文物及展品组合;确定重点、亮点;提出形式设计要求;撰写陈列方案。在陈列方案编写中有几个问题值得特别注意:

（一）陈列主题揭示：主题是陈列展览的中心思想。它渗透在文本的每一个部分每一个环节，传达了特定的观念、情感和价值。如何有效地揭示陈列主题，是编写陈列方案的核心。例如：成都金沙遗址博物馆《走进金沙》陈列以"古蜀辉煌都邑古蜀文明之源四川成都文明之根"为主题，以金沙遗址重要遗存和遗物为主要载体，从生态环境、社会生活、宗教祭祀和文化背景多个角度，成功再现了金沙王国的辉煌，复活了一段失落的文明。再如，大庆铁人王进喜纪念馆紧紧抓住"爱国创业求实奉献——石油魂"这个主题，通过九个部分，从不同角度诠释人物内涵、展示人格魅力，实现了王进喜这位英雄的外在形象与人物内涵的高度统一。

（二）文物及展品组合：精心鉴选文物，合理进行文物组合，是陈列方案制订的关键。所谓文物组合，就是按照主题化、层次化、艺术化的要求，由设计师将若干件文物相互连接在一起，使之形成新的展示体，具有更强的视觉冲击力。而文物与辅助展品的组合，则使真实性和观赏性相得益彰。例如在《世界瑰宝——中华人民共和国国际礼品展》中，设计人员将泰国总理江萨·差玛南赠送给邓小平的柚木雕大象、郁郁葱葱的东南亚森林和赠礼场面的历史资料片，组合在一起展示，生动形象地反映了泰中人民的深厚情谊，给观众留下了深刻印象。值得提出的是，一般情况下，辅助展品应配合、突出文物展品。近年来，有一味地强调声光电等科技手段的观赏性，而忽视文物展示的倾向，博物馆里显得浮躁，喧闹，背离了办展宗旨。这种情况的出现与内容文本的编写不无关系。

（三）重点、亮点营造：陈列展览通过文物及其展品组合营造若干重点、亮点，目的是在历史类陈列中突出最重要的展示内容；在艺术类展览中突出最具代表性的珍品；在形式上更具节奏感和韵律感。展示重点、亮点宜单独列出目录，并请领导、专家审定后实施。例如，《近代中国陈列》中的部分展示重点是：（1）虎门海战中的大炮、炮弹与历史照片组合——反映近代中国历史的开端；（2）租界文物与历史照片组合——反映中国半殖民地半封建社会性质；（3）粗纱机与工厂照片组合——反映近代工业的产生；（4）孙中山办公室复原及文物组合——反映辛亥革命推翻帝制、创立民国的划时代事件。展览重点经领导、专家确认后，内容设计人员提出相关实物资料、文字资料和影像资料，形式设计人员以此为基础进行再创作。

（四）为形式设计作出必要提示：我国传统博物馆展陈流程中存在的主要问题是，内容设计师和形式设计师的工作脱节。即首先由内容设计师编写内容文本，之后再由形式设计师进行艺术设计。由于各自考虑问题的角度不同，前者注重"物"本身的信息，强调展示的科学性和逻辑性；后者则更注重展览的视觉效果和艺术感染力。前者的先行框定，无疑会对后者以至整个展示效果产生不利影响。这一问题已经引起博物馆界的重视，一些博物馆在主题和框架确定之后，内容设计师和形式设计师共同工作，一直到完成整个展览设计任务。有的馆甚至在展览策划阶段就请形式设计师参与，以实现思想性、科学性和艺术性的高度和谐统一。例如，《香港的故事》常设展就是内容、形式和建筑设计有机结合的一个典范。筹展中形式设计师介入早，在展馆建筑设计阶段，就已经把一些大件物品、大型场景考虑了进去，这与内地一些新改建博物馆的"交钥匙"工程，设计工作受到限制的情况形成了鲜明对比。

当代博物馆陈列展览的发展，要求内容设计师在进行文本编写时不仅要有逻辑思维，同时还要有形象思维，能够了解一些基本的展陈手法。在内容文本编写中，既要为形式设计师提供展示重点，还要和形式设计师一起，提出展示手法的初步设想。对于陈列展览形式设计由投标方承担的单位，更要求陈列方案细化，并对形式设计提出具体的、明确的要求。笔者认为，形式设计师应尽早参与内容研究及文本编写，并从艺术展示角度提出意见；内容文本可对形式设计作出必要的提示，但不要太具体，要留给艺术设计师发挥的空间。

五、内容文本的审查与评估

内容文本的审查，一般分陈列大纲和陈列方案两个阶段。重要的展览还要在布展完成后、展览开幕前进行审查。

（一）内容文本的审查

1. 审查的内容。主要是政审和专业两个方面，包括陈列展览主题思想是否与国家的政治导向一致？人物和事件的定性是否准确，表现是否恰当？所阐述的专业观点是否代表了主流意识，反映了该专业的最新研究成果？所选文物及其展品组合是否具有科学性、代表性？所确定的展示重点、亮点是否妥当？内容上是否有无重大遗漏等等。对于正在研究之中、尚无定论、或只是一家之言的内容，在展览中不得出现。

2. 参与审查的领导、专家和公众代表。领导来自党和政府相关机构，主要是在政治上为展览把关定向。专家来自博物馆界及相关专业，主要是在业务上为具体展示内容把关。例如，国际友谊博物馆在奥运期间举办的《世界瑰宝——中华人民共和国国际礼品展》，就是由中央办公厅、中宣部、文化部等部门领导，以及外交部、外联局、国博、军博和首博专家参与审查把关的。一般讲，由中央举办的大型展览由主办单位邀请，博物馆自办展览则由馆内自请。公众代表来自展览的目标群体。《中华人民共和国国旗、国徽、国歌》展览在筹展期间邀请教育系统的师生代表审查，他们的意见丰富了展陈内容，陈列展览为青少年观众喜闻乐见，受到欢迎。然而，这部分审查者往往被博物馆忽视。在一些博物馆看来，如果领导不认可，展览就通不过；公众意见则无关紧要。这种认识无疑有悖于文化遗产的保护成果由人民群众共享的宗旨。

3. 根据审查意见修改调整。文本编写人员要认真记录审查意见，并归档留存；对于领导、专家的意见认真分析、及时修改调整、力求精益求精。

（二）内容文本的评估

关于陈列展览的评估，现在尚无行业标准，对于内容文本的评估，也无明确规定。从1997 年开始，我国进行两年一度的"全国博物馆十大陈列展览精品"评选，旨在引领我国博物馆陈列展览发展的方向，提升陈列展览水平，在实际工作中发挥了积极作用。然而，客观地讲，"十大陈列展览精品"评选中也存在着若干问题，诸如：评价导向不够明确，评价体系不够完善，评价标准不够科学，评价依据不够充分等。一些专家从不同角度出发，对于陈列展览评估各抒己见。笔者认为，评估一个内容文本的标准，主要在于：学术观点的正确性；主题提炼的深刻性；文本编写的逻辑性；文字说明的科学性和生动性；展品组合的合理性；文本构思的创意性和可行性等等。

总之，当今我国的博物馆事业正处于历史上最好的发展时期，陈列展览在社会主义精神文明建设中发挥了不可替代的重要作用。我们要进一步创新博物馆展陈内容，规范陈列内容文本的编写，带动陈列展览水平的整体提升；要积极探索博物馆贴近实际、贴近生活、贴近群众的新思路，弘扬以爱国主义为核心的民族精神和以改革创新为核心的时代精神，推进博物馆事业又好又快地向前发展。

参考资料：

[1] 王宏钧主编：《中国博物馆学基础》，上海古籍出版社，2001 年。

[2] 罗越等：《展示观念与设计》，天津科学技术出版社，2004 年。

[3] 齐玫：《博物馆陈列展览内容策划与实施》，文物出版社，2009 年。

[4] 玛格丽特·霍尔［美］：《展览论》，北京燕山出版社，2007 年。

[5] 龚青：《"世纪伟人邓小平——纪念邓小平同志诞辰 100 周年展览"的几点特色内容设计》，《中国博物馆》2006 年第 1 期。

临时展览中多媒体系统的应用

曾　光

博物馆的临时展览不同于基本陈列。首先，它的规模一般不像基本陈列那样庞大，展品数量和种类也没有基本陈列那样丰富；其次，临时展览周期短，一般是一周、一个月、几个月等；再次，临时展览投入的人力、物力和财力相对较小。临时展览包括巡展、流动展、互换展和借展等。近年来我国博物馆为进一步贯彻落实"贴近实际、贴近生活、贴近群众"的原则，更好地融入社会，注重在临时展览中增加多媒体设备。博物馆通过发挥多媒体设备的功能，增强展览与观众的互动，使展览更加丰富多彩，拉近了与观众的距离。下面，本文结合2008年北京奥运期间，我馆在中国人民革命军事博物馆举办的临时展览——《世界瑰宝——中华人民共和国国际礼品展》（以下简称：《国际礼品展》），谈谈如何在临时展览中发挥多媒体系统的功能。

一、合理配置，精心挑选

一般来讲，临时展览的规模，展品在100至200件（套）左右，展览面积在600平方米至1500平方米左右，所以，多媒体设备不需要应用很多。在2008年的《国际礼品展》中，我们精心选用了以下多媒体设备：

1. 触摸屏

触摸屏是现在大多数博物馆广泛采用的一种辅助展示手法。作为展览功能性设计的一部分，这一展示手法由于它的可直接参与性，而被广大观众所认可。因此，也就使触摸屏的设计成为陈列内容设计的一个重要部分。如何准确把握触摸屏设计的内容结构和层次，最大限度地挖掘展品的丰富内涵，用通俗易懂的方式阐释文物背景，为观众提供更多展览、展品的相关信息，达到使观众主动参与展览并寓教于乐的目的，成为陈列内容设计人员研究的重要课题之一。

触摸屏的设计与陈列文本的设计不尽相同，有自身设计的特点和在设计过程中必须遵循的原则。首先，触摸屏作为展览策划的重要部分，其内容设计必须符合展览总体设计的原则，并需按展览策划与主题的要求进行。作为陈列内容的一部分，在做展览总体设计时，应考虑适合用触摸屏来展示的陈列内容，并对其进行策划、设计，从而形成内容脚本，在内容的基础上再进行触摸屏外观的设计。在《国际礼品展》的触摸屏内容设计中，我们除展览内容外，还围绕展览主题设计了中外建交表、国礼的故事、馆藏珍品鉴赏、国际知识和奥运知识问答题等栏目，它们起到了深化展览主题的作用。

其次，触摸屏内容的表现方式也是不容忽视的一个问题。以目前流行的动画、游戏和回答问题为表现形式设计触摸屏的内容，旨在加深观众对展品的印象。如"图片拼图"、"选择答案"等方式是时下老少咸宜的单机版游戏和表现方式，通过简单地点击和链接，观众可以在动画、游戏和回答问题的过程中加深对展品的印象。

再次，以 FLASH 动画的形式展示历史故事和历史事件的手法值得借鉴。挖掘与展品相关的历史背景和故事，用 FLASH 动画的形式展示，动感、新颖，使观众有新鲜感而更容易接受。

总之，触摸屏是以展品为核心的相关知识和内容的集合，其包含的知识量较大，在设计上采用递进式、过关式的形式，由简单到复杂，由浅入深，步步深入，使观众容易接受。

2．虚拟翻书

虚拟翻书又称电子翻书、空中翻书。它是在展厅的一个平台上放置一本翻开的虚拟图书，当观众伸手做出翻书的动作时，它就可以翻页，观众就能浏览书的内容，在展示栩栩如生的动态翻页效果时并伴有音效。观众在惊叹神奇的虚拟技术的同时，也会对图书的内容产生兴趣。

虚拟翻书原理是利用影像识别技术获取参观者的动作，并将该动作传输给计算机进行处理，计算机内的应用程序则根据所捕捉的信号驱动多媒体动画进行翻书的效果表现。虚拟翻书设备由控制主机、投影机、翻书动作识别系统、按钮、音箱、书模型，以及翻书动作识别软件，翻书内容软件等组成。

观众操作虚拟翻书的程序很方便：（1）投影机将画面投射到一本书的模型上，观众能看到一本书打开的样子。（2）通过三个按钮，观众可以选择书的内容，书的内容即时通过投影机投射出来。（3）观众站在书模型前做挥手动作时，影像识别系统检测出挥手的方向，计算机立即控制图书翻页，既可以向前翻，也可以后翻。（4）翻页的同时伴有音效，还有优美的背景音乐。

我们在《国际礼品展》中应用了一台虚拟翻书，其书台颜色与展览的尾厅相吻合，浅绿色，使人看了非常惬意。书按亚洲、欧洲、非洲、大洋洲和美洲五大洲分成五"篇"，每"篇"内容与展览中所展内容相同。虚拟翻书形式新颖，视觉冲击力强，能够引起参观者极大的兴趣，它可以广泛地应用于博物馆、展览馆、纪念馆和博览会等等。

3．投影设备

如展厅规模面积较大，单一的计算机显示器无法满足环境使用要求，可采用适于大空间使用的大屏幕显示设备，如投影仪、等离子电视、LED 显示屏等，将计算机输出的文字、图像等信息更加清晰、生动地放映给观众。

我们在《国际礼品展》中使用了三台投影仪。在序厅，利用投影仪连续放映出若干只和平鸽穿越五大洲展翅飞翔的形象，生动地表现出世界人民热爱和平，向往和平的美好愿望；在尾厅，利用投影仪在大屏幕上滚动播放中国人民和世界人民友好交往的综合资料片，反映了中华人民共和国成立以来，中国政府在独立自主和平外交政策指引下所取得的辉煌成就，表现了中国人民与世界各国人民的友好情谊，展示了来自世界五大洲的国际礼品所独具的艺术魅力。

4. 液晶电视与硬盘播放器

硬盘播放器是一种直接与显示端连接，让观众享受影音效果的载体。事先可以把正在播放的电视节目刻录进硬盘，或将电脑中的音乐、影片、图片等文件直接拷入播放器中，然后再把它与电视连接，即可直接播放。它应用性强，使用方便。

在《国际礼品展》中，我们在五大洲各配备一台液晶电视与一个硬盘播放器。播放每个洲不同特点的外交资料片，产生了很好的效果。

5. 电子留言台

电子留言台是一体化数字留言机，它可以把观众参观展览后的感想和意见通过电子触摸和手写的形式保存下来。观众的意见是展览的一种宝贵资源，也是总结展览的一个有效途径。

在《国际礼品展》中的尾厅，我们放置两台电子留言台，并配以嵌在墙上的电子滚动屏。电子留言台操作很简单，观众站在留言台前方，通过用触摸笔点击触摸屏，根据数字留言软件的提示把意见留下来，也可以让其他观众浏览。通过电子滚动屏，把观众有特点的留言记录下来，不断地滚动播放，也不断地更新，既达到与观众的"互动"，也对展览起到促进和宣传的作用。该种留言方式形式新颖，并可以长久保存。

二、汲取国内外"真经"，不断创新

临时展览中采用一些多媒体设备，可以增加博物馆与观众交流的机会。博物馆"互动"区域的开辟，多媒体系统的应用，能使博物馆真正地走近观众，贴近观众，真正体现出博物馆"以人为本"的特色，体现出博物馆争取观众、组织观众、为观众服务、满足观众需求的根本宗旨。

现代教育理论认为，多种感官的立体感知有利于激发学习者兴趣，增强理解力。在这方面，博物馆比之其他学习机构或媒介（如书刊、网络、影视……）相对单纯的视听觉、平面化特征有着天然的优势。博物馆展品与辅展手段和设备组成的多媒体系统，能很好地让观众与博物馆展览进行交流与"互动"，在对观众兴趣的全方位、持续性的调动中"帮助"他们在展厅中得到"自助式"的学习，这正是新型博物馆教育所追求的。

国内外的临时展览越来越多地采用多媒体系统，更多地吸引观众，达到了寓教于乐的目的。2007年，在上海举办的《日本新媒体动漫艺术展》中，多媒体系统发挥了作用，实现了与观众的亲密互动。观众在光影交错的现代化展览厅中，欣赏制作精良的动画短剧、音乐录像、CG、VFX 等丰富多彩的视频作品；在艺术区体验科学技术与艺术巧妙融合而创造出来的互动艺术；在游戏区与各种媒体设备和游戏模型亲密接触，身临其境地感受高端技术应用于娱乐的高品质游戏带来的无限乐趣；在影片放映厅小憩，尽情欣赏循环播放的最新动漫影片、动画短剧等，亲身体验栩栩如生的日本现代文化。

台湾故宫博物院很多临时展览都采用多媒体展示系统。为了达到国际水准博物馆的目标，该馆在一些临时展览中妥善选择运用最先进的数字媒体技术，其中包括：3D 效果的网页设计，即利用 3D 的技术建置立体的网络操作界面，并且发展多人上网的即时交谈、学习和娱乐的环境；数字影音伺服系统，即在现有的网络频宽上，让使用者能够享受高画质的数位视讯互动内容；高清数字显示系统，即透过多层次解析度的显示技术，让文物影像能够多次放大观赏，以表现高品质的画面，呈现文物细致的美感；虚拟实境展示系统，即建置虚拟实境的多媒体展示系统，以现代科技重现古代建筑雄伟的气势或是神游古文物 3D 的美妙情境；建置多媒体展示空间，主要功能为文物数字化展示。

事实上，文物数字化展示室的设计极具挑战性，可以应用最新的数字软硬体技术，建置第一流的多媒体展示环境。一个优越的多媒体展示室可以带来许多商机，包括销售多媒体影片及相关创意纪念品。由于文物主题具有特殊性，故而所设计的文化产品亦具独特的吸引力。

在展览中，有的观众说："听讲解员讲一些展览的知识，有时，听完就忘了。如果我动手点一下触摸屏，我就记住了，印象非常深刻。"这就是"互动"的力量。

博物馆还要运用多媒体技术开发更多的丰富多样的动脑内容和形式。例如，香港文化博物馆 2007 年举办《中国历代妇女形象服饰展》时，就请漫画家为展览设计了"互动"游戏，观众在与古代服装、头饰的"亲密接触"中，体味到了原本枯燥文物背后的趣味和知识。

展览的"互动"系统是帮助观众"无障碍""使用"博物馆的工具和设备，需要专门的展览技术设计师。在国外，这些展览技术设计师与内容和形式设计师、社教工作者及其他管理人员一起构成了博物馆的"支持性专业人员"。近 20 多年来，在一些发达国家，这类藏品所属专业以外的学者、工程师、教师、公司职员等新专业人员人数超过了原有的学科专业研究人员，占到了本馆人数的 60%，表明博物馆正由传统的收藏研究机构演变为真正的公共教育机构。

在《国际礼品展》的尾厅中开辟的"互动"区，观众人来人往、熙熙攘攘。尤其是一些少年儿童，饶有兴趣地摆弄着触摸屏和虚拟翻书，真正使他们开阔了眼界，学到了学校学不到的东西，这里变成了他们的第二课堂。同时，也增加了展览的"互动"性和娱乐性，达到了博物馆实施教育的根本目的。

三、应用多媒体系统需注意的问题

1. 选择设备。临时展览选用多媒体设备，一定要具体情况具体分析，根据展览规模，展品多少和所投入资金的多少来决定采用什么设备，以及设备的数量和型号。有时资金充裕，但选用的设备较多，甚至重复，用不到重点上，也达不到预期的目的。这样，一是资金的浪费；二是也起不到与观众真正的"互动"效果。所以，在临时展览选用设备上，要听取一些有展览经验的多媒体设备应用专家的意见和建议。我们在《国际礼品展》中多媒体设备采购时，就其种类、数量、型号和功能听取并采用了专家们的意见，使多媒体系统达到了合理配置并产生了很好的效果。

2. 保护设备。现在全国许多博物馆、纪念馆根据国家的规定可以免费参观，因此，观众的数量比以前要多出几倍，尤其是寒暑假期间的参观人数更是倍增。在这种情况下，需要对多媒体设备进行保护，在"互动"区应有专门的工作人员负责照看、维护这些设备，还要引导和教给观众如何使用这些设备。同时，为观众使用方便，在多媒体设备上要注有操作说明。在《国际礼品展》中，我们有过这方面的教训。当时由于互动区没有值班人员引导和维护设备，导致其中一台触摸屏的显示屏被磕坏了，造成了一些经济损失。所以在临时展览中要格外注意，针对互动区和展厅的多媒体设备，需要有保卫人员或展览值班人员对观众有一个正确的指导，保证观众对这些设备的正确使用。

总之，博物馆公共化、服务化的发展趋势，为博物馆事业的发展提供了新的机遇。作为全民终身受教育的场所，博物馆越来越多地关注观众在参观陈列展览过程中的体会和感受。其中，临时展览中多媒体系统的应用，使博物馆已经改变了以前单纯强调"以文物说话"的静态、单一的传统陈列观念和陈列手法，而更多地注重运用先进的展陈手段，多角度、全方位地展示文物信息，并以直接的、动态的、"互动"的方式向观众诠释文物丰富的内涵，缩短了博物馆与观众之间的距离，促进了博物馆事业不断向前迈进。

世界艺坛奇葩——非洲木雕

乔 杨

非洲是一个神奇而令人向往的地方。那里除了美丽的自然风光和众多的野生动物外，还有充满独特魅力的文化艺术，其中以非洲撒哈拉沙漠以南地区的木雕最为著名。在国际友谊博物馆，这种非洲木雕类国礼达上百件之多。

非洲工艺美术有数千年的历史。在非洲土语中原本无"艺术"一词，"非洲艺术"一词是欧洲人发现非洲雕刻后使用的。非洲木雕以其夸张的手法和直白的表现形式使其作品独树一帜，成为文物收藏家的至爱，同样也是文物贩子和盗贼的猎物。在非洲各地博物馆和政府的共同努力下，如今，任何人如果想把国内的艺术品携带出境，必须将艺术品及照片提交给相关部门审查，在获得文物专家的认可后，这些艺术品才可出境。

在撒哈拉沙漠以南，大片的原始森林蕴藏着丰富的木材资源，为木雕艺术提供了大量的天然原材料。在非洲，人像雕刻多采用硬质木料，这些硬木中以乌木最为著名，乌木学名黑檀，是一种名贵木材，主要生长在非洲中部，树高十几米至几十米，生长周期缓慢。除比较稀有外，重要的是乌木本身具有非常优秀的特质。乌木呈黑褐色，横截面和纵切面都展现出美丽流畅的细腻纹理，木质坚硬，比重不同于我们常见的木材，拿在手里会有沉甸甸的感觉，丢进水里会直接沉入水底。乌木的树干并非通体皆黑，它的外形与一般树木无两样，树中心部分呈黑色，外部呈土黄色，界限清晰。乌木雕的主题多为夸张的人体造型和动物造型。许多非洲人将生殖繁衍奉为神圣，对相应器官的雕刻技巧明显高于对其他部位的刻画，通过这种特殊的创作，表达他们心中的信仰和憧憬。其作品往往充满了浓厚的生活气息和神秘的宗教色彩。

非洲木雕造型夸张，头部多有饰物，一些背后带有小人像的作品都是对于巫师神力的一种表现。在非洲人眼里，它显示的是巫师对于众生的保护作用。在热带疾病肆虐的非洲，巫师不仅要具有与神沟通的能力，也肩负着治病防病的责任。雕刻者将神力与责任不断扩展，以一种离奇夸张的方式表达着对神灵的崇拜和期待。有的雕像造型简洁，面部神态肃穆而静雅，平和悠远的目光展现着灵魂的力量，而这种祖先传达的力量，通过雕刻的形式得到了永恒。

这些散发着神秘气息的木雕，其完成方式也充满着古朴传奇的色彩。在远离人群的地方，雕刻家们夜间在隐蔽的环境里怀着朝圣般的心情创作。他们在用心触摸神灵，期望作品产生神力，祈求神灵保佑。在作品完成之后会用一种特殊的树叶对其进行抛光处理，效果光可鉴人。非洲人崇尚黑色，对每件木雕都涂上了一种黑色炭质涂料，这种涂料在干燥状态下附着牢固，但速溶于水，所以，黑木雕不能用湿手触摸或湿布擦洗。

在非洲撒哈拉沙漠以南，除了埃塞俄比亚有自己的文字外，其他地区只有靠雕刻艺术来记录历史和传承自己对祖先的记忆，对自然力量的描述以及对生命的原始崇拜。因此，非洲木雕是原始艺术范畴的一种特有形式，它有着自己的艺术语言，并以其所具有的神秘感和夸张的造型震撼世界。这些附着古老传统文化和历史的木雕，体现着非洲人民的勤劳与智慧，它以永不停息的步伐书写着非洲大陆的传奇历史与神秘信仰。

非洲传统雕刻是世界艺术园中的一朵奇葩。其历史悠久，作品的创作构思充分利用木材的自然形状，简化人工痕迹并使作品自然质朴，一般无设计图纸，很少能找到相同的作品。非洲木雕展示了非洲民族独特的宇宙观和非洲人向艰苦生活挑战的勇气，以及他们丰富的艺术创造能力。所有接触到非洲木雕的人都被非洲艺术家的自由奔放深深打动，并对其所采用的美学方法——以单个形式表达多元化的艺术美感叹为观止。

在非洲非文字的文化传统里，艺术家以雕塑的形式来传达意念。在艺术家们一味模仿大自然，并只能在色彩和技术上创新时，非洲雕塑以原汁原味和不受任何比例限制，给西方艺术创作带来了新意，对西方现代艺术产生了深远影响。20世纪初期，高更、毕加索、马蒂斯等现代艺术家和收藏家们开始搜集非洲雕刻艺术。20世纪的很多艺术运动，都从非洲工艺美术中得到灵感。非洲雕刻家所创作的赤裸、极致的夸张及其节奏和形式，都给西方艺术界带来了冲击。非洲雕刻家的思维是独特的，雕刻是从他们血管里流淌出来的艺术，这些都是决定非洲木雕收藏价值的关键。著名画家毕加索曾感慨道："当我猛然见到由非洲无名艺术家所创造的崇高庄严的雕刻时，我心潮澎湃。"高更也说过，"在原始艺术中，总能找到基本营养（母乳）"。他还坐言起行，为从非洲艺术的表达手法中得到灵感，从雕刻所传达的精神和内容中得到启发，仿复制起非洲木雕来。

在非洲，"视觉艺术"不为"艺术欣赏"服务。一件木雕在事实上是一个或多个仪式中的用品或工具，因此，它也叫"仪式艺术"。这些木雕创作的主要目的是向那些能看到它们的人传达信息。在没有书写文字时，木雕作品就传达了一系列信息，让所有人都能理解。非洲一些地区的雕刻艺术家对自己所雕刻的作品及风格是没有决定权的，他们必须按照传统。特定的仪式工具都具有它的功能，而它的形状和材料也都是预定的。刻画的内容受到监管，雕刻艺术家不能随心所欲雕刻任何东西，作品受到传统上能否接受或是否符合祭祀师具体要求等约束。人物的造型也有规定，站立的人、坐立的人、跪着的人代表的意思是不同的。手势也很重要，因为手势的位置、手中持物及饰物的不同，所表达的意义也不同。他们有自己喜欢的制作风格，这种风格事实上是传达信念的视觉语言。雕刻作品还必须得到一位或多位祭祀师的授权并行"魔法宗教"祭祀仪式，而后，才能从一个木雕作品神圣化为圣物。除了用于国王、首领和身份显赫的人品鉴之外，也有在日常生活中使用的木雕作品，人们用它来祈求生育、健康，下咒语、表达对先人的尊敬和自我欣赏。在非洲要想买到真正的古老木雕作品是比较困难的，必须要冒很大的风险深入到非洲内地的原始部落中去淘，几千欧元一件的木雕并不稀奇。

　　非洲木雕作品工艺精湛、题材创新大胆、视觉震撼力强，让人不能不为之动容。透过宗教，这些艺术家记录了人们的记忆、传统、神话和英雄故事，并且传递至下一代。非洲艺术家相信艺术的精华在于借取大自然的力量与大自然和谐之韵律，并通过作品释放心灵。透过他们的雕刻，我们能了解到非洲艺术家卓越的思想和表达手法，以及以不可抗拒的力量展示的生命力与自信，欣赏到非洲人的尊严和勇气。他们用艺术引导人们找到力量、美丽和自由。非洲许多宗教仪式使木雕艺术成为不少现代艺术家灵感的源泉。非洲以外的世界不能全面明了仪式艺术的真意，但这一艺术仍将世界艺坛深深打动。有人认为非洲雕刻是邪恶之物，那是因为他们没有弄清法力物品和巫蛊用品的区别。有人以为非洲木雕艺术只是些形态有趣的雕刻，据说毕加索当年也购置了一件纯粹为取悦游人的劣等货作为藏品。从20世纪20～40年代之间，非洲木雕艺术的主流，由立体的雕刻转化为平面的雕刻。

　　目前，在非洲各地出售的木雕，除少部分是从部落里收来的真品外，大部分都已失去宗教色彩和原来的社会功能，很多是为游人准备的旅游纪念品和迎合西方人审美需求的装饰工艺品。艺术家们还创作出许多表现非洲现代生活的雕刻品和一些抽象、超现实主义风格的作品，如马孔德族的雕刻，现代味道十足。在今日非洲，随处可见富有创意的环境雕塑。艺术家的作品融合了传统和新的精神内涵。许多木雕创作除了美化环境外还用于出口。

　　非洲木雕像一幅丰富的生活风景画卷，它表达着一份人们心底的祈盼、一种以生命为本的艺术、一曲世代延续的颂歌，它吸引着众多艺术家的眼球，令收藏家们神往。

浅谈我馆巡展中藏品保护的若干问题

董　涛

　　我馆成立近三十年以来，在全国各地举办过百余次各种形式的中华人民共和国国务礼品展览，获得了良好的社会效益和经济效益。但也衍生出藏品保护存在的安全隐患，表现在包装、运输等环节，自然和物理因素及人为因素等方面。因此，确保巡展中的藏品安全是摆在我们面前的重要课题。

一、巡展中藏品安全存在的问题

　　在巡展中各个工作环节紧密相扣，其中最值得重视的环节就是藏品运输，而藏品运输中的关键是包装。良好的包装是满足藏品在运输途中防震动保护的需要。为保证藏品包装规范化、科学化，延长藏品使用寿命，近些年来我馆分期分批做了一部分囊匣、木箱和铝合金箱作为外包装用品，藏品安全系数相对增大，基本能够保证巡展中的藏品在箱匣内相对稳固。尽管如此，也不是所有囊匣都能确保藏品安全。因受我馆的条件所限，制作箱匣的厂家都是上门批量测量藏品的尺寸，回去再根据测量记录进行制作，其中少了实物卧囊等重要工序。尤其对存放陶瓷类、玻璃类、牙骨类等不规则器物的箱匣，制作程序中对内卧软囊的处理不科学，缺少精确度，不适合巡展中长途运输，又加之忽略包装中防震的缓冲处理，因而在展览运输中，藏品在箱匣中损坏、残断的事情偶有发生。由于包装用具不合标准而造成文物被损坏的事，让人痛心疾首，应该引起我们的足够重视。

　　每件藏品都有它本身的承受值，所具有的脆弱程度不尽相同。如果超过这个承受值，例如遭遇汽车、火车、飞机起落、紧急刹车等情况，巨大的冲击力必然会传递给包装箱内藏品，因此不符合专业包装水准的藏品很容易造成破损、伤裂等，所以藏品运输包装是一项专业性很强的业务工作。在我馆巡展中，包装一般由从事藏品管理工作的人员来完成，他们对藏品的质地、器形、易损部位有足够的了解，具有强烈的责任感和长期实践经验的积累。但是，在以往的展览中我馆不太强调规范化和带有科技含量的运输包装，有些展览甚至没有藏品管理专业人员随展，而参展人员又不熟悉藏品的基本特性，科学的包装更无从谈起，这也是影响我馆巡展中藏品保护安全的因素之一。

　　在巡回展览中，运输环节尤为重要。我馆举办的巡展以铁路、公路的运输方式为主。铁路运输从藏品出库至展览目的地的装卸搬移次数多，装卸搬运人员非专业；火车中途卸货时，还存在文物箱挪动、其他货物撞击等危险，被抢、被盗等一些人为破坏也有可能姓。因此，藏品安全隐患大。

我馆每年都有少则 2 至 3 个，多则 10 余个展览在全国各地举办。在频繁的办展过程中，自然环境、物理环境都对藏品产生劣化影响。环境因素（气候、光线辐射、空气污染）的变化催化器物结构和材料的恶变，尤其是书画、纺织品、皮革、竹木器的干裂；霉变、虫蛀，金属器物的锈蚀等。另外，在展览中有一部分高频使用的藏品，其劣化速度更是大大增加，藏品的保护亟待加强。

此外，我们在巡展中经常遇到展览筹备时间很短，展室施工与布展同时进行，展室内人员复杂，环境杂乱等情况。有时展览组成员要干到通宵。这种非常规的疲劳作业，势必也会给藏品保护带来严重隐患。

二、实行藏品预防性保护的可行性措施

藏品的预防性保护贯穿于巡展的各个环节，实施合理的保护和安全预防可以防止意外损坏。为此，我馆采取了巡展中预防性保护的可行性措施，基本保证了藏品的安全。

第一，加强工作人员的职业道德教育，是藏品安全的重要保障。作为一位博物馆工作者，不仅要有丰富的专业知识和工作能力，还必须具有文物职业道德，明确自身的责任和义务。只有大家都提高文物保护意识，加强责任心，遵守操作规程，接触藏品时谨慎小心，才能尽量避免人为损毁藏品的事故发生。

第二，加强藏品保护培训，使筹展人员掌握基本的业务工作环节。筹展人员从了解参展藏品入手，尽快熟悉藏品现状、装箱情况、展览工作程序。在文物提陈时，认真细致地了解藏品的质地、器形特征，尤其对不同藏品的易碰、易碎、易伤部位特别注意。在专业人员的指导下，筹展人员掌握基本操作技能，对藏品在巡展中的保护措施做到心中有数。

第三，防患于未然，做好巡展用藏品的前置性预防保护工作。对馆里珍贵藏品，更要注重前期的预防性保护。2008 年我馆在北京举办的《世界瑰宝——中华人民共和国国际礼品展》，就是"前置性的预防性保护"应用的成功范例。我们首先申请了专项资金做保障。其次，请包装运输专业化单位和业内的资深文物保护专家，利用科技手段做展品的预先评估，研究和评估藏品所承受的各种压力和损伤的可能性，提供藏品出展的可行性报告，使我们从中了解藏品的基本情况和运输当中的承受力，便于采取相应的保护措施。再次，实施专业化包装运输。结合评估报告，制定实施包装、运输一体化方案。近一年里，我馆在多次展览中请华协珍品货运服务有限公司为巡展做专业化的包装运输，把可能造成的损坏降到最低，有效保证了藏品安全。

三、藏品预防性保护的关键环节

结合上述分析，笔者认为，解决好藏品在巡展中的安全问题，预防文物在巡展中有可能

产生的直接或间接的损坏，应该抓好以下几个关键环节：

（一）包装。研究藏品包装的最终目的，是为了最大限度地保护藏品的安全。藏品包装不同于日常生活中的礼品或商品包装，是具有科技含量的。随着我馆品牌展览的相继推出，藏品包装形式也应有相应的改进。根据防震要求，宜选用新型的缓冲防震包装材料，对那些不规则、易损伤的藏品，采用一些新的包装技术、制作抗阻能力强的包装箱、匣。严格地说，我馆的藏品类别、质地多种多样，结构也不尽相同，因此运用统一的包装处理办法就不适合，对木雕、牙雕、水晶玻璃器、陶瓷、面具、盆景等，要给予特殊的考虑。首先，要根据藏品不同器型、不同质地和阻抗外力强弱度的不同，量体裁衣，不可千篇一律；第二，对于组合及套装类藏品（如成套咖啡具、文具等）和带盖类、分体类藏品（如盖杯、盖、罐等），应分开解体，单独包装，避免套叠包装，并标识清楚，必要时加附提示文字或整体照片；第三，标本、羽毛、毛皮制品以及面具必须支撑起来包装入箱，防止折压；第四，对于一些不宜用手触动的藏品（如纪念币、银盘、照片、书画等）做压膜处理，体现对文物"最小干预"的保护原则。第五，对有环、链、插件的器物要选用棉纸、薄片泡沫进行软包装后，再放入囊匣。第六，异形器物要做特殊技术处理，宜采用双层包装箱，箱与箱间填充缓冲材料，免受外部震动。第七，还应当重视有机文物包装箱、囊匣的定期灭菌处理，文物提取前后也应进行灭菌处理。除此以外，还要确保包装材料、包装箱匣无虫霉隐患，如果有，发现后应立即隔离进行灭虫除霉处理。总之，藏品包装科技水平的提高，将最大限度地保护文物的安全，使藏品包装趋于更合理、更实用、更环保。

（二）装箱。要保证藏品在巡展中的安全，藏品的装箱也是非常重要的技术环节。我们要充分考虑藏品外包装箱的载重量，外箱尺寸不宜过大，要便于装箱、搬移、运输，根据具体情况可在箱体底部加装万向滚轮以便于移动。外包装箱要安全牢固，箱体边角有金属加固，箱壁上安装把手，箱体内壁周围和底部均需加垫缓冲材料，箱内要做防尘、防湿、防震处理，整体能使用叉车等设备方便运输。箱体外侧，按国际标准喷印防水、防震、勿压、易碎、编号、小心轻放、防倒置等标识。每箱装入的囊匣不宜过多，以三至四层为宜。要根据藏品状况按上轻下重、上小下大顺序装，把易碎、怕压的藏品放在最上层；用缓冲材料填塞囊匣间缝隙，构成一个牢固的整体；装大中型藏品，要在悬空处用软物、托架等防护固定；内外包装都要选用环保包装材料，实现"无垃圾式包装"；装完箱后，一定填写装箱单，以便核对，在检查核对无误后加锁、封箱。应特别强调的是，装箱中保证有藏品管理人员或专业的包装技术人员参与指导非常重要。

（三）布撤展。藏品到达目的地后，我们不应该马上开箱，宜适当缓冲与异地间的温湿度差异（一般缓冲12小时）。拆包时，应该仔细检查每件藏品的现状，一旦发现有损伤，要详细记录、拍照，仔细保留全部残片、碎渣，以保证日后修复的完整性。

布展、撤展前，展室都应处于最安全的环境状态，杜绝布撤展与展览施工同时进行。布展时，筹展组成员应做到：检查展具是否到位、安全；展室通道是否畅通；照明设备是否到位。然后，由里至外按预期陈列方案往展柜里摆放和悬挂展品（撤展时则逆向进行），做到放置平稳、挂靠牢固，必要时进行藏品加固处理，尽量不反复调整展品。

（四）运输。包装运输的优劣，直接关系藏品的安全。应切实考虑到运输中的安全应对措施，制定文物运输中的应急预案，以应对人为和非人为对藏品的破坏，确保运输安全。我馆以往巡展大多采用铁路或公路的文物自押式运输，由保卫人员随行押运。为保证安全运输，务必了解车况、路况，无论是公路运输、还是铁路运输都要了解车载能力及车厢周边放置安全。要遵循装前卸后，上轻下重的顺序，严格按照搬运藏品的操作规程进行装、卸，按箱体标签中的指示方向，平抬轻放，尽量减少搬移次数，避免文物在多次搬移中震动受损。在文物箱之间应塞放隔离板并将其固定，用绳索将文物箱同车厢连接成为一体，减轻运输途中箱子相互撞击；保卫押运人员，要沿途看护藏品，人不离车；车上文物（箱）件数，押运人要点交清楚。一般情况下随展工作人员要跟随藏品，并做好沿途记录。

近些年国内外博物馆举办异地展览都纷纷采用专业化的包装运输，避免装运操作不当导致藏品在远途中产生的劣变和损伤。我馆也做了几次尝试，把展览的包装运输交给专业包装运输机构操作，降低藏品在路途中的移动风险，实现"门对门"的包装运输。实践证明，这是目前最理想的安全运输模式。

综上所述，强化我馆藏品在巡展中的预防性保护工作刻不容缓。我馆应结合实际情况，认真总结经验教训，将操作规范渗透到各个环节，以最大限度地确保藏品的安全。

保卫人员在巡回展览中如何开展工作

石周勋

　　我馆从开始举办巡回展览到现在二十多年了，馆内很多同志在巡回展览中作出了很大的贡献。由于种种原因，在此期间也发生了不少问题，如在展览中展品被盗、被摔，尤其是被碰撞磕伤的现象时有发生。因此，增强巡回展览期间的文物保护意识，提高文保工作水平是非常必要的。作为保卫人员，在巡展中应如何开展工作呢？

一、提高文物保护意识

　　作为保卫人员，在巡展中的首要任务是保护好文物的安全，而要想很好地完成任务，首先是要提高文物保护意识。这要在以下几个方面下功夫：一是认真学习、宣传《文物保护法》，全面贯彻文物工作方针，增强文物保护意识，并付诸于巡回展览中；二是注重对文物保护法律法规、业务技能的学习，着力提高业务素质和文物保护管理能力，以良好的工作作风和认真的态度，做好巡回展览中的文物保护工作；三是结合文物安全管理办法和我馆举办巡展的经验，认真制定文物安全保护的具体方案，对每一个环节尽量考虑周到，提出确保文物免受损失的可行性方法。

二、对展览场地进行安全考察

　　1. 考察的必要性。我馆大部分巡回展览在展前都对展览场地进行了考察，但也有少部分展览场地未派人去考察。笔者认为，展品出馆展出，如果只听对方说条件如何好，不亲自去考察场地，不了解它的安全条件和周围环境状况，对于文物的安全是相当不利的。我馆的展品曾在河南省开封被盗，就是展出地点周围环境太复杂，盗贼从展厅隔壁的民房内挖洞进去将展品盗走的。因此，为了保护好国礼，展前对场地进行考察是十分必要的。

　　2. 考察中要注意的问题。笔者曾多次参加展览场地的安全考察，认为展览场地是否正规，以及保卫力量、防火设施、器材布置、人员疏散通道、喷淋设施（水喷、气喷）、温控设备、烟控设备、光电防火探测器、防盗设施、摄像监视控制范围、探测器（红外、声控、双监等）、展柜、展厅及存放文物地方的恒温恒湿条件、周围环境及道路交通运输情况等，是必须要了解的内容。在条件好的正规博物馆，以上这些要求都基本具备。但是，有些展览并不是在博物馆举办，而是在安防、消防设施不完善的展馆举办，这就需要考察人员和办展单位协商，提出加强安全防护的要求。例如，增加灭火器材和防盗设备，加派保卫人员坚持24小时守护，加强巡逻，在当地公安部门备案，并要求对方接站时派足够的装卸人员，路上要有武警战士或公安、保卫人员护送文物车到达展览场地等。

3. 提出的要求要让对方落实到位。一是向办展单位负责人强调礼品的政治性及其重要价值，说明每件展品只有一件实物，一旦受到损坏或丢失，难以弥补，不仅是经济赔偿，且责任重大。二是把提出的要求写在书面上，双方签字作为补充协议，目的就是为了把我们提出的要求落实到位。

三、做好文物押运工作

1. 根据路况进行人员的选派与传授工作。把文物押运到目的地，选派押运人员很重要。笔者认为，应该根据考察情况安排押运人员。如果展览场地的情况比较复杂，经过改进才勉强达到办展条件的地方，要选派有经验的同志去押运。如果是公路运输，有时可能会遇到复杂的路段，选派押运人员应考虑有驾驶经验的同志，遇到复杂情况可及时提醒司机注意。如果到条件好的博物馆办展览，路况又比较好，可以安排新同志去，新同志经过锻炼才能真正掌握巡回展览的经验。但是，在安排新同志参加巡展时，保卫部门的负责人和有经验的老同志应该把巡展运输中的各个环节、布撤展中的每个细节，认真细致地介绍给他们。

2. 根据铁路运输与公路运输的不同特点开展押运工作。我们举办巡回展览一般选择铁路运输，当然也有选择公路运输的时候。相对来说，铁路运输比公路运输安全系数要大。

选用铁路运输时要注意如下几点：（1）从文物库房到火车站，押运人员要保证与其他参展人员通信联络畅通，其他参展人员乘坐的车辆应跟在文物车后边，距离要适当，不要离得太远。（2）从进站到把文物装进列车车厢，这段情况比较复杂，领队要去办手续，参展人员守候文物，关键是文物箱过秤后，拖运文物箱时，火车站有时不让办展人员跟进去，文物箱有时还不能集中放在一起，遇到这种情况，临展小组负责人和押运人员就要及时与火车站装运人员沟通、解释，想方设法把文物箱集中到一起，负责人和押运人员要亲自监督文物装上行李车，并向行李车厢负责人讲明文物箱不能挤压的原因。（3）对列车上的文物箱进行保护。以往的做法是，参展人员坐的车厢尽可能离行李车厢近，负责人和押运人员与行李车厢负责人协商，每到一个车站，就提前到行李车厢去查看，防止文物箱被错卸，并查看文物箱有无异常现象。以上这种做法必须是在得到行李车厢负责人同意的情况下才行，否则，就不能离开装有文物的车厢，因为运输单上写得很清楚："文物自押"。（4）文物出站时和进站情况基本一样，押运人员不能离开文物箱，要和接站人员一道将文物安全地运到目的地。

公路运输时要注意的是：车辆人员来往频繁，道路交通复杂多变，路面凹凸颠簸，赶上修路还要绕道而行，所以必须安排有经验的老司机担负运输任务。途中要尽量避免停车，前车押运人员还应经常和后车参展人员保持联系，避免相隔太远。

3. 出现特殊情况从容应对。出门在外，经常会出现意想不到的情况。遇到特殊情况后，首先要保持头脑清醒，随机应变，大家齐心协力寻找解决办法。例如，向公路运输时，遇到因交通纠纷等情况与对方司机或者行人发生争执时，就应该忍让，给对方说些好话，多劝我方的司机，尽快离开是非之地，因为时间长了必然会对文物安全不利。如果车辆中途坏了，押运人员应迅速通知后边参展人员的车辆尽快赶上来，对文物车采取守护戒备。如果时间不太长，车能修好，大家要耐心等待，千万不能产生急躁情绪；如果车辆不容易修好，另找的车短期内又不能赶到时，应启动突发事件应急预案。

四、做好布展、撤展期间的保卫工作

1. 安全第一。举办巡回展览首先要注意的是人身安全和文物安全。在布展或撤展开始前，首先要注意查看现场的安全状况，确认能保证安全后，再进行布展或撤展工作。

2. 工作侧重点。保卫人员参展要注意认真履行自己的主要职责，尽力保证不发生安全事故。在打开文物箱前，首先要查看现场周围的安全情况。从文物箱打开到文物进入展柜、与对方办理文物交接手续完毕之前，不允许无关人员进入展览现场。在此期间，要在保证安全的情况下，积极参与布、撤展工作，但不要忘记保卫人员的主要任务是侧重于文物安全保护，阻止闲杂人员进入展览现场，以免文物受到损失。

3. 团结合作完成任务。因巡展小组人数有限，有时参展成员多数都是女同志，保卫参展人员应和其他参展人员互相协调，互相配合，共同做好现场的安全工作。在确保现场文物安全的情况下，主动干些重活，例如，抬箱子、搬运大件展品、摆放大件展品、展品包装后的装箱工作等。大家有事多沟通，在和谐的环境中愉快地工作，团结一致圆满完成巡展任务。

国际友谊博物馆如何发挥国礼在文化
发展繁荣中的作用

张　健　樊慧君

胡锦涛总书记在党的十七大报告中突出强调了加强文化建设、提高国家文化软实力的极端重要性，对兴起社会主义文化建设新高潮、推动社会主义文化大发展大繁荣作出了全面部署。

国际友谊博物馆作为公益性文化事业单位，作为中国文物博物馆行业中的一支特殊力量，应当积极响应号召，坚持和落实科学发展观，按照和谐文化建设要求，回顾过去，总结经验，结合实际，深入研究，展望未来，制定措施，以推动事业全面协调可持续发展为基础，为充分发挥承载着重要历史意义、深厚人文内涵的馆藏国务外事礼品的时代价值创造条件，探索运用丰富的展示手段和方法，不断拓宽宣传教育途径，突出社会服务功能，为实现社会主义文化大发展大繁荣，满足人民群众日益增长的精神文化需求作出应有的贡献。

一、国际友谊博物馆的基本情况

国际友谊博物馆直属于国家文物局，是专门收藏、保护、研究、展示和宣传新中国对外交往中党和国家领导人受赠的国务外事礼品（简称国礼）的专题博物馆。1981 年 1 月，国际友谊博物馆筹备处成立。1991 年 12 月转为正式建制博物馆。

国际友谊博物馆(以下简称友博)自成立以来一直担负着全国重要国礼的调查、征集、保管和研究任务，目前已收藏来自世界五大洲 170 多个国家和地区的 30 余类、上百个品种的近 2 万件珍贵礼品。这些礼品具有重要的政治、历史意义和很高的艺术价值，是见证现代中外友好往来的珍贵文物，与重要事件和重要人物有着密切联系；同时，也充分反映了世界各民族异彩纷呈的文化魅力和艺术风采。这些礼品大多兼有双重性，既是国务外事礼品，又是外国工艺美术精品。馆藏品的双重性，决定了友博与其他博物馆截然不同的鲜明特色和风格，也决定了友博在博物馆行业中的特殊地位及其在文化建设中的特殊使命。

二、国际友谊博物馆过去发挥主要职能情况

（一）藏品保护与研究

2002 年以前，因无设施完善的藏品库房，友博的藏品保管条件非常简陋，近 2 万件藏品堆砌在狭小、拥挤的房屋里，既无温湿度控制设备，也没有专用的箱柜囊匣，大都挤放在排架上，有的甚至堆放在地面上，致使文物保护工作长期处于低水平状态。2002 年，在国务院领导的关怀下，友博拥有了临时周转库房，藏品保管条件得到很大改善。

近年来，友博根据文物保护要求，结合工作实际，逐步提高藏品保护力度，建立健全各类保护管理制度和安全操作规程，按照科学方法，妥善保管藏品。而且，友博从巡回展览中的文物保护课题研究入手，深入探讨藏品科学保护工作，与故宫博物院等单位合作，建立了藏品保护的长效机制，编辑了《巡回展览中文物保护文集》，开展了《巡回展览中文物保护规范》课题研究工作，编制了藏品管理软件，不断提高藏品保护的科技水平。

友博还注重加强藏品研究工作，围绕宣传展示中的重点问题，从藏品的来源和历史背景、文化艺术特点以及陈列展览的内容和形式等各个方面深入开展研究，努力挖掘藏品内涵，积极拓展藏品外延，既丰富了展示内容，增进了展览的宣传教育效果，又促进了藏品保护工作的继续深化。在深入研究的基础上，友博编辑出版了《毛泽东与国际友人》、《刘少奇与国际友人》、《周恩来与国际友人》、《邓小平与国际友人》、《我们的朋友遍天下》、《国礼荟萃》、《至尊国礼》、《世界瑰宝》、《国礼故事》、《国礼神州行》、《泰国国礼艺术》、《东盟十国国礼艺术》等图录和书籍以及六期馆刊《中国国际友谊》，不断将研究成果展示给读者，提高了宣传力度，也扩大了影响力和知名度。

友博还认真开展藏品调查工作，利用走访领导人亲属和部属，走访各部委等机关单位，与外交官、国礼生产厂家建立联系，以及互联网等各种形式和渠道，搜集国礼受赠和赠与情况的资料，进一步探究国礼的外交、历史背景，考证国礼的人文内涵和审美价值，并围绕其进行深入细致的研究。近期，友博开展了新中国国礼档案整理工作，在征询国礼生产厂家，与社会各界广泛联系的基础上，调查我国赠出国礼的情况，并拟将这些非常有价值的资料在抢救、整理、核实后编辑出版，为观众了解我国与世界各国交往情况，了解我国文化艺术发展状况，了解世界各国文化艺术特点，进行中外文化对比，借鉴和吸收其他民族优秀文化成果做出一定的贡献；也为拓宽征集范围和渠道、顺利开展藏品征集以及举办陈列展览打下良好的基础。

（二）宣传展示与社会服务

20 多年来，友博克服没有固定馆舍的困难，充分发挥藏品及其文化优势，不断向社会奉献主题鲜明、内容丰富、时代感强的展览。友博除在北京租（借）用场地举办 5 次基本陈列外，还在全国近 30 个省、市、自治区和香港特别行政区举办各种形式的巡回展览百余次，吸引观众逾千万人。巡展次数之多，辐射地域之广，实属少见，形成了友博的一大特色。

这些展览把精美的国礼送到全国各地，从一个侧面展示新中国辉煌的外交成就，展示和平世界的美好，反映党和国家领导人为中国的稳定繁荣作出的贡献，体现他们廉洁自律、克己奉公的高风亮节，使观众受到生动的爱国主义和革命传统教育以及国情教育，满足了观众对异域文化了解、鉴赏、研究的需要，促进了中外文化交流，有力地发挥了博物馆宣传展示、服务社会的作用，也为建设社会主义和谐文化，培育文明风尚做出了积极的贡献。

其中，1984年举办的《国际友谊珍品展览》，被列为建国35周年献礼项目之一；1990年举办的《国际珍贵礼品展览》，被列为第十一届亚运会重点文化项目之一；2001年举办的《我们的朋友遍天下——新中国外交礼品精华展》，展示了新中国辉煌的外交成就；2002年举办的《中国国务礼品精品大展》，在香港引起轰动；2004年举办的《邓小平外交礼品展》，从一个侧面展示了邓小平同志为外交事业和国家的稳定与发展做出的卓越贡献；2005年与泰国驻华使馆合作举办的《泰国国礼艺术特展》，增进了中泰友谊和文化交流；2005年10月举办的《东盟十国国礼特展》，很好地配合了中国——东盟博览会的召开。

2005年起，友博为进一步落实"三贴近"要求、发挥博物馆的社会服务功能，认真策划研究，推出了"国礼神州行"系列展览。

"国礼神州行"系列展览折射伟人品质，展示国礼风采，揭示国礼内涵，宣传新中国辉煌外交成就以及中国为推动和谐世界建设作出的巨大贡献。举办"国礼神州行"系列展览的目的是为了深入社会、深入群众、深入生活，进行爱国主义和革命传统教育，弘扬民族自豪感，激发观众的爱国热情，增强人民群众构建和谐社会的责任感和使命感。

"国礼神州行"系列展览中的"国礼中原行"、"国礼南粤行"、"国礼新疆行"和"国礼老区行"等展览，已陆续在河南、广东、新疆、陕西等地多个城市举办，受到了各地政府的积极支持和广大观众的热烈欢迎，很好地配合了当地的宣传教育活动。

三、发挥国礼在社会主义文化繁荣发展中的作用，推动友博事业全面协调可持续发展

（一）国礼以及友博在文化繁荣发展中所能起到的作用

充分发挥国礼的作用，首先要明确国礼在和谐文化建设中能起到什么样的作用的问题，也就是友博在文化繁荣发展过程中能做什么的问题。

党的十七大报告中指出，构成社会主义核心价值体系的基本内容是马克思主义指导思想，中国特色社会主义共同理想，以爱国主义为核心的民族精神和以改革创新为核心的时代精神，以及社会主义荣辱观。十七大报告还要求，要切实把社会主义核心价值体系融入国民教育和精神文明建设全过程，转化为人民的自觉追求。

这其中，国礼能够发挥其应有的作用，友博也大有可为。友博的收藏是新中国成立以来党和国家领导人在外事活动中受赠的国务礼品。它是新中国艰苦卓绝外交历程及辉煌成就的实物见证，蕴含着丰富的历史意义、人文背景和艺术价值，具有深刻的教育意义和启迪作用。

以国礼为依托，提供积极而有影响力的文化产品，讴歌党的光辉历程，宣传新中国建设发展取得的伟大成就，展示党和国家领导人为国家的稳定与发展作出的巨大贡献以及他们廉洁自律、克己奉公的高风亮节，振奋和弘扬民族精神，满足广大人民群众日益增长的精神文化生活需求，是国礼以及友博在和谐文化建设和文化繁荣发展中的价值所在。

十七大报告中还指出，要加强对外文化交流，吸收各国优秀文明成果，增强中华文化国际影响力。这就要求我们要善于借鉴其他国家和民族的文化长处，充分汲取世界优秀文明成果，辨证取舍，择善而从；要大力弘扬与时俱进的时代精神，坚持古为今用、洋为中用、推陈出新，更好地推动我国文化发展繁荣。

友博是国内唯一一家对全球文化精品收藏如此全面的博物馆，在世界上也是少有的。友博收藏的国礼，有着不可比拟的普世性覆盖面，非常广泛地体现着文化的多样性。这些来自不同国家和地区、不同的文化原生地的民族的、民俗的、当代的工艺美术精品，传达着多样化的文化气息。它们可以让人们共享文化成果，增加文化交流、学习、借鉴的机会，在不同民族和文化的差异背后去发现共性，发现把人类维系在一起的纽带；同时，也可以让人们了解和熟悉世界其他民族的优秀文化的独特优势和贡献，从而促进对中华文化的丰富和更新。这也是国礼以及友博在和谐文化建设和文化繁荣发展中的价值所在。

（二）怎样发挥国礼在文化大发展大繁荣中的作用

陈列展览是博物馆直接面向社会与公众的阵地和窗口，是进行宣传展示的重要手段。友博成立以来，克服没有固定馆舍的困难，在全国近30个省、市、自治区以及香港特别行政区举办过百余个陈列展览，接待各界观众上千万人次。巡回展览辐射地域之广，在国内博物馆行业比较罕见。这是友博实现国礼神州行，实现自身价值，为将国礼这一承载着丰富人文、历史、时代内涵的载体，转化为促进经济社会发展的精神动力和智力支持，激励广大人民群众振奋精神，团结进取，投身发展中国特色社会主义文化事业，为全面建设小康社会服务做出的积极有益的工作。友博举办的展览得到了各地政府和广大人民群众的支持和欢迎，受到了广泛的称赞和热烈的响应。

但是，友博也清醒地认识到，仅凭已有的一点成绩是远远不够的。在和谐文化建设中，友博还要不断探索创新，以"国礼神州行"为基点，进一步发挥好宣传展示作用，发挥好社会服务功能。

"国礼神州行"是友博的品牌。它是友博于2005年在总结以前展览宣传工作的基础上，随着事业的不断发展而提出的。它是对过去国礼巡展的继承、发展和创新。它继承了以往国礼巡展的主题突出、内容丰富、形式为观众喜闻乐见、宣传教育效果好的传统，并在此基础上进行了深化和完善，从社会发展和观众实际需要出发，推出了主题多元化的展览，同时运用了更加丰富的展示手段，并在宣传推广模式上进行了市场化的探索。

在和谐文化建设中，在文化发展繁荣的过程中，友博应通过"国礼神州行"系列展览，把独特的藏品和文化资源奉献给更广大的观众，深入社会、深入生活，把艺术展示与宣传教育结合起来，充分发挥国礼文化在社会主义核心价值体系宣传中，在理想信念教育、爱国主义教育、社会主义荣辱观教育以及未成年人思想道德建设等方面的作用，坚持以人为本的理念，用优秀的精神文化产品，让观众在欣赏异域文化精华，满足人民群众日益增长的精神文化生活需要的同时，从一个新颖、独特的角度感受我们党艰苦卓绝的奋斗史、可歌可泣的光荣史，让这些历史和实践、成果与真理深深扎根于人民的心坎里。

1. 通过"国礼神州行"系列展览发挥国礼在理想信念和爱国主义教育中的作用。

国礼是新中国外交成就的实物见证。在"国礼神州行"系列展览中用国礼展示新中国艰苦卓绝的外交历程及其取得的辉煌成就，有利于增强观众的民族自尊心和自豪感，有利于对观众进行理想信念和爱国主义教育，把广大观众的爱国热情引导和凝聚到建设社会主义和谐社会的伟大事业上来。

2. 通过"国礼神州行"系列展览发挥国礼在革命传统和社会主义荣辱观教育中的作用。

国礼是党和国家领导人心系国家、无私奉献的一个缩影。在"国礼神州行"系列展览中用国礼展现无产阶级革命家为国家的稳定与发展作出的巨大贡献以及他们廉洁自律、克己奉公的高风亮节，有利于引导广大干部群众自觉地把个人价值追求融入民族振兴、国家发展的伟大实践上来，发挥重要的革命传统和社会主义荣辱观教育作用。

3. 通过"国礼神州行"系列展览发挥国礼在未成年人思想道德建设方面的作用。

国礼蕴含着深刻的历史背景，有些礼品更是反映了领袖、杰出人物高屋建瓴、高瞻远瞩的风范，为人们树立了良好的榜样。在"国礼神州行"系列展览中用国礼从一个侧面展示新中国领袖人物的风采，反映他们在风云变幻的国际环境中，运用实事求是的思想，解决复杂国际问题的杰出才能，在广大观众，尤其是青少年观众中发挥榜样的力量和作用，鼓舞观众树立正确的世界观、人生观和价值观，学习效仿榜样人物为建设社会主义和谐社会作出应有的贡献。

4. 通过"国礼神州行"系列展览发挥国礼在丰富精神文化生活和促进文化交流方面的作用。

国礼蕴含着异域文化的魅力。在"国礼神州行"系列展览中用国礼展示世界各国的艺术珍品，呈现其背后广泛而浓郁的民族文化特点和风格，既可以给观众提供健康丰富的精神文化产品用以陶冶情操、愉悦身心，提高生活质量，促进社会和谐，又便于观众吸收和借鉴有利于我国文化建设的优秀文化成果，从而促进中外文化交流和融合。

为充分发挥国礼的作用，友博将不断地整合国礼资源，挖掘潜力，积极与各省、市、县博物馆以及社会媒介等单位进行多种形式的合作，在全国各地有计划、有规模、长期地举办"国礼神州行"系列展览，将展览与各地和谐文化建设工作有机地结合，与实施爱国主义和革命传统教育及未成年人思想道德建设有机地结合，为广大观众提供主题鲜明并且新颖、内容丰富并且深刻、形式优美并且生动的展览，让广大观众通过这一文化载体，在认识和把握社会主义核心价值体系的深刻内涵和基本要求的同时，激发爱国热情、增强民族自信心、树立正确的理想信念，享受良好的精神文化生活。

（三）发挥好国礼作用需要认识和解决的问题

党的十七大报告指出，科学发展观的第一要务是发展，核心是以人为本，基本要求是全面协调可持续发展，根本方法是统筹兼顾。

友博要发挥好国礼在和谐文化建设中的作用，就要认真领会科学发展观的宗旨要义，按照科学发展观的精神实质，以人为本，发挥干部职工的积极性和创造性，正确认识矛盾和问题，把握发展规律，破解发展难题，科学部署，统筹兼顾，提高发展质量和效益，推动各项事业全面协调可持续发展。

1. 问题分析——制约友博建设发展的瓶颈问题

近几年，友博的事业建设和发展取得了一定成绩。但是，还存在许多有待完善的问题，例如人员年龄结构老化、知识结构不合理，博物馆改革还不够完善，内部机制建设尚有许多工作要做，等等。其中最主要的，制约友博事业发展的瓶颈问题则是馆舍问题、藏品征集问题和博物馆定位问题。这三个问题严重制约了友博的发展，也制约了友博在社会主义和谐文化建设中作用的充分发挥。

（1）馆舍问题

友博一直没有固定馆舍，处于东租西借的局面，已经三易办公场所，四次搬迁藏品库房，造成了藏品数量增长缓慢、没有基本陈列以及专业人员流失的现象。这与《博物馆管理办法》中对博物馆的基本要求相悖，严重制约了友博的建设与发展，制约了博物馆基本功能的全面发挥。而且，有限的预算用来承租办公用房、藏品库房和展览场地，致使能够面向社会的展览举办次数减少，时间缩短，造成了许多观众的遗憾。

（2）藏品征集问题

藏品征集困难也是友博面临的主要问题。征集渠道不畅、征集范围小、征集力度不够，加之有关部门不执行1995年两办文件和近年来行业博物馆的收藏竞争等原因，造成了友博征集工作收效甚微，藏品来源匮乏，几近枯竭。

（3）博物馆发展定位问题

博物馆发展定位的主要基础条件，就是博物馆的收藏状况。以友博目前的藏品状况来看，很难对发展进行科学定位，其原因主要是：如按友博建馆宗旨定位，那么目前友博的收藏范围和收藏规模还远远不够；如将友博定位为"国际友谊"博物馆或"世界艺术"博物馆，这将与建馆宗旨不甚相符,而且仍然面临需要补充大量藏品的问题。

如何科学地定位友博,是一个应该随着时代的发展和社会的需要,不断进行探索研究、实践检验的问题。

2. 统一思路,明确努力方向

从友博目前的情况来看,一无馆舍,二乏新藏品来源,三难定位发展方向,加之博物馆改革不尽完善,内部运行管理机制亟待顺畅等问题和矛盾的存在,制约着友博的发展,也给友博的生存带来重重危机。怎样解决好这些问题和矛盾,推动友博事业又好又快地发展,充分发挥国礼在文化大发展大繁荣过程中的作用呢?

党的十七大报告指出,在时代的高起点上推动文化内容形式、机制体制、传播手段创新,解放和发展文化生产力,是文化繁荣发展的必由之路。推进文化创新,增强文化发展活力,推动社会主义文化大发展大繁荣,是党的十七大从党和国家事业发展全局出发,对全面加强社会主义文化建设提出的新要求。这个新要求的提出,必将带来深远影响,也必将为文化事业繁荣发展带来新的美好前景。

友博在这样一个发展繁荣时期,如果能够坚持科学发展观,抓住机遇,彰显活力,开拓创新,发挥作用,就能够促进解决好问题和矛盾,推动事业又好又快地发展。

然而,解决问题和矛盾,推动事业发展,是不能一蹴而就的。它需要友博以科学发展观为指导,深入研究问题,认真分析情况,清醒地认识到生存与发展之间的矛盾是面临的主要矛盾,三个瓶颈问题是事业发展需要解决的主要问题;进而,以科学的态度积极应对形势,把思想和观念、方法和目标统一到文化创新的高度上来,用发展的眼光看问题,用科学的思路抓工作,按照"一手抓生存,一手抓发展,做好国礼文章,打造友博品牌"的工作思路,通过解决瓶颈问题破解发展难题,奠定生存基础,通过完善体制机制和加强文物保护、科学研究等各项工作为发展创造条件;充分发挥独特的国礼藏品及其文化资源优势,以新内涵提升国礼展,以新形式表现国礼展,以新手段传播国礼展的精神实质,牢牢把握以人为本的核心,各项工作统筹兼顾,才能促进友博在文化繁荣发展过程中作出应有的贡献,才能推动友博事业全面协调可持续发展,才能发挥好国礼以及国际友谊博物馆在和谐文化建设中的作用。

3. 统筹兼顾,协调开展各项工作

(1)解决瓶颈问题

新馆建设问题是友博一直在努力争取解决的首要问题。多年来,党和国家领导同志对友博馆舍建设一直很重视,曾经多次做出批示。近年来,国家文物局领导把友博馆舍建设作为工作重点,积极帮助友博与有关方面协调项目立项和馆舍选址等问题。友博也按照领导同志批示和相关部门的要求,编制了新馆建设项目建议书,并上报国家文物局,等待审批。

目前,友博正在进行新馆建设项目可行性研究文本编制的准备工作。同时,友博将继续充分发挥宣传展示、服务社会的作用，以举办迎奥运展览和"国礼神州行"系列展览等各项活动为带动，在文化发展繁荣的过程中，不断扩大积极影响，吸引各方面的关注和重视，争取各方面的帮助和支持，力求尽早将新馆建设纳入工作日程。

扩大藏品征集范围和渠道是友博不断加强的工作。近年来，虽然友博采取了许多措施，不断加强征集力度，努力拓宽征集渠道，但是，由于种种原因，征集工作仍然遇到了极大的困难，藏品来源日趋枯竭，严重阻碍了友博以国礼展的方式对新中国建设发展成就以及外交成就的充分展示，也致使许许多多难得一见的世界艺术瑰宝因无法面对观众而被埋没。

为使赖以生存的藏品不断充实，给友博的可持续发展注入生机与活力，友博一方面要继续按照中办、国办 1995 年的有关文件精神，加大力度，对中央和国家机关各部委、军队、人民团体开展礼品征集，争取各方支持，进一步充实收藏；另一方面，友博正尝试把征集范围在原有基础上向中外关系史拓展，向中外双向交流领域拓展，向国内相关博物馆，领导人亲属、身边工作人员，民间组织和机构、国际合作组织和机构，近现代外交官及其亲属，以及国礼制作厂商等开展征集工作，逐步拓宽征集范围和渠道，不断丰富馆藏。当然，友博还要积极举办展览，更加有力地展示国礼在经济社会以及和谐文化建设当中的独特作用，以此带动征集工作的开展。

博物馆发展定位是近年来友博积极思考的问题。友博将努力尝试博物馆定位向中外关系史和中外双向交流方面拓展，并在"国礼神州行"系列展览中融入博物馆营销理念，不断探索市场经济条件下作为非营利机构的博物馆的使命与现实生活中市场化之间矛盾的调和方法，深入社会，了解观众的需求，并以此制定国礼展的不同服务目标和对象，开发文化产品，扩大国礼展的服务功能，吸引更广泛的观众群体，树立"国礼神州行"品牌的独特形象和地位，进而对友博进行科学的定位。

（2）完善机制体制

继续深化改革，完善机制体制，挖掘潜力，建立和谐融洽的工作氛围，是推动友博事业发展，充分发挥国礼在和谐文化建设中应有作用的有力保障。

友博自 2005 年实施人事制度改革以来，在运行管理体制和机制方面有所改善，较好地促进了事业发展。但是，随着工作节奏的加快，要求的提高，标准的严格，逐渐暴露出一些机制体制方面的问题和不足，在一定程度上滞缓了友博发展的速度。要克服这些问题和不足，友博应做好以下几点：

一是要重视管理的改革，建立健全运转高效的管理体制，鼓励竞争，提高效益，促进发展；二是要重视锻炼和培养人才，充分调动干部职工的积极性、主动性和创造性，不断提高友博各项业务工作水平；三是要重视加强制度建设，规范管理，规范工作程序；四是要重视建立绩效考评机制，促进工作目标的顺利实现。

友博还应加强对博物馆市场化运作的认识，坚持以人为本，以观众的需求为导向进行展览创新；充分利用藏品和文化资源优势，借助社会力量开发国礼复仿制品等文化产品服务观众；以内部管理结构的调整和运行机制的改革为重点，逐步建立起更加适应博物馆市场化的运行机制；开展博物馆市场网络建设和市场推广，探索建立稳定的观众市场网络，借用媒体等社会力量，宣传推广友博以及"国礼神州行"品牌。

（3）加强文物保护和科学研究工作

加强文物保护和科学研究工作，提升"国礼神州行"品牌内在质量，是发挥国礼在和谐文化建设中应有作用的必要措施。

友博将继续坚持文物工作方针，从完善藏品管理系统、开展巡回展览中文物保护课题研究入手，建立文物科学保护的长效机制，扎实有效地开展文物保护工作。近段时期，友博将重点做好巡回展览中文物保护课题研究，规范展览方案，促进"国礼神州行"系列展览顺利举办。

友博还将以科研为先导，不断充实科研队伍，扩大科研规模，提高科研水平，创造更多的科研成果并有效地转化到陈列展览中，提高展览的科学性和思想性，为全面展示国礼奠定扎实的基础。近期，友博将在深入研究的基础上，尝试举办网络国礼展览，以弥补没有基本陈列的缺憾；同时，积极开展国礼调查研究工作，整理编辑《新中国国礼档案》一书。

今后相当长时期，必将是文化大发展大繁荣的时期，为博物馆事业的发展创造了空前机遇。在这个过程中，友博将坚持科学发展观，继续按照"一手抓生存，一手抓发展，做好国礼文章，打造友博品牌"的工作思路，用发展解决生存问题，用发展促进瓶颈问题的解决，以人为本，充分调动干部职工的积极性，统筹兼顾，推动各项工作全面协调可持续发展；以"国礼神州行"系列展览为带动，让蕴藏着丰富历史背景、人文内涵和艺术价值的国礼走向全国各地，让广大观众近距离接触世界艺术珍品，感知世界文化精华，共享文化发展的成果，接受爱国主义和革命传统教育，激发观众的创造力，增强人民群众构建和谐社会的责任感和使命感。国际友谊博物馆的全体干部职工将居安思危，增强忧患意识，戒骄戒躁，艰苦奋斗，刻苦学习、埋头苦干，加强团结、顾全大局，以良好的精神风貌和实在的工作成效，为有中国特色的社会主义文化事业的大发展大繁荣作出应有的贡献。

（此文为 2008 年国家文物局学习贯彻十七大精神，推进文化遗产事业科学发展专题调研报告之一）

"国礼神州行"系列展览的社会服务
实践与思考

樊慧君

　　国际友谊博物馆（以下简称友博）是国内唯一一家收藏、研究、展示、宣传党和国家领导人受赠的外交礼品的专题博物馆。友博馆藏均是具有重要历史纪念意义、广泛地域代表性、浓郁民族风格的人文艺术珍品。1981年建馆以来，友博克服没有固定馆舍的困难，在全国30个省、自治区、直辖市和香港特别行政区举办了国礼展。尤其是近几年，友博通过国礼神州行系列展览，把主题鲜明、内容丰富、展陈新颖、富有时代特征的展览送到全国各地，深入社会，深入群众，传播国礼文化，积极地实现博物馆社会服务功能。

一、"国礼神州行"系列展览社会服务实践

　　2005年春，在深刻总结以往100多次各类展览工作经验的基础上，友博提出了"国礼神州行"展览宣传计划。"国礼神州行"旨在深入挖掘展示内容，不断完善展示手段，着力提升展示效果，更广泛、积极地推动国礼展走向全国各地，走近广大观众，让观众了解、熟悉国礼及其文化，让友博了解、熟悉观众，增强博物馆与观众之间交流，更好地实现博物馆社会服务功能。

　　1. 举办以实物展示为主的展览，将国礼送展到全国各地。

　　2005年4月，"国礼神州行"第一篇——"国礼中原行"系列展览在河南省郑州市拉开帷幕，随后在南阳市、鹤壁市和三门峡市相继展出，为当地的先进性教育活动提供了一个生动活泼、充满文化氛围的课堂。2005年9月到2006年4月，"国礼神州行"第二篇——"国礼新疆行"系列展览在新疆维吾尔自治区昌吉市、乌鲁木齐市、喀什市等地展出，这是国礼第一次走进新疆，且正值新疆维吾尔自治区成立50周年。为突出地域和民族特色，展览选取了部分伊斯兰风格的礼品以及一些在新疆工作过的领导同志受赠的礼品，拉近了国礼与少数民族地区观众的距离。展览受到当地政府、企事业单位和各民族观众的广泛关注和热烈响应。2005年11月到2006年8月，"国礼南粤行"系列展览分别在广东省东莞市、江门市、中山市举办。2008年9月到2009年4月，"国礼陕西行"系列展览分别在陕西省铜川市、西安市、宝鸡市、汉中市举办。

　　在努力整合展览资源，办好系列巡回展览的同时，"国礼神州行"系列展览还服务于大

局工作，配合国际交往与合作、北京奥运会等重要活动举办了《东盟十国国礼特展》、《世界瑰宝——中华人民共和国国际礼品展》等展览。其中，2005年10月举办的《东盟十国国礼特展》，兼顾历史传统、区域文化、民族艺术、各国风情，多方面、多角度展示了中国与东盟国家的传统友谊，展示了东盟国家多姿多彩的人文风貌，增强了中国与东盟国家的文化交流，彰显了和平友谊发展的主题，成为第二届中国——东盟博览会期间的一道亮丽风景线。《世界瑰宝——中华人民共和国国际礼品展》汇聚来自百余个国家、地区和国际组织的300多件礼品，在北京奥运会期间，向广大中外朋友展示了绚丽多彩的世界优秀文化成果，展示了中国与世界日益广泛、日益紧密的联系，弘扬了相互了解、友谊和团结的奥林匹克精神，并以此祝愿中外友谊万古长青，世界未来更加美好。

"国礼神州行"系列展览还包括其他以国礼为载体的各类展览和活动，如纪念周恩来同志诞辰110周年的《周恩来外交礼品展》、纪念邓小平同志诞辰100周年的《邓小平外交礼品展》等伟人专题展，纪念中泰建交30周年的《泰国国礼艺术特展》，迎接青岛奥帆赛的《帆影海韵——国际友谊博物馆馆藏舟船·海洋类题材礼品展》，庆祝新中国成立60周年的《乐舞缤纷——开国领袖·表演艺术题材外交礼品展》以及《丝绸之路沿线国家礼品展》和《明月和风——国际友谊博物馆藏伊斯兰国家国际礼品展》等。

2. 举办以图片为主，图片与实物相结合的展览，将国礼送展到农村、学校、社区和厂矿。

"国礼神州行"系列展览积极拓宽展宣领域，以图片展和图片与实物（含国礼复仿制品）相结合的展览方式，主动送展到农村、社区、校园和厂矿，抓住各种时机开展宣传和教育活动。近年来，友博赴北京市通州区觅子店乡小学、北京一师附小、北京工业大学艺术设计学院等处，在校园里为师生们举办展览，并通过讲座、座谈等形式，帮助师生们了解和熟悉博物馆及其文化。2007年5、6月份，在黄骅市博物馆举办的《新中国国务礼品图片展》，把国礼图片与国礼复仿制品一起展示，结合开展"看国礼谈体会"征文和组织征文获奖小学生来京参观文化遗产等活动，增强了小学生们对文化遗产的了解和认知。2009年9月在上海市松江区月湖公园举办的展览也收到了良好的效果，观众们表示出浓厚的兴趣。

随着工作的不断推进，"国礼神州行"系列展览还采用更加灵活的方式送展到企业，让更多的观众在自己的工作岗位上就能够感受到国礼文化。2009年5月，"国礼进企业"展览走进中国黄金集团，这是"国礼神州行"系列展览的一个新举措，也是"国礼进企业"的第一步。黄金集团员工纷纷利用上下班及工休时间，兴致勃勃地反复观看展览，并给予充分的好评。这样的实践给"国礼神州行"系列展览以极大鼓励，但是也提出一些新的问题：如何克服展示环境复杂、安保条件薄弱等困难，有计划、有步骤、有措施地把国礼展送到厂矿、车间，送到生产第一线，让更多观众感受到扑面而来的世界瑰宝的人文艺术之风，是筹展单位和工作组人员应该认真思考并在将来的实践过程中努力解决的。

3. 以网络为平台，传播展示图文并茂的国礼展。

友博网站建设于 2001 年，2006 年进行了改版。它涵盖了藏品管理、展览宣传、科学研究等各项业务工作，加强了作为实物展览的补充和延伸的"国礼神州行"网上展览的设计和制作，弥补了友博没有固定展馆的一些缺憾，为观众搭建起一个生动的国礼文化传播平台。在这个平台上，观众可以随时了解国礼文化、国礼展览以及友博，熟悉博物馆文化，满足审美情趣，接受爱国主义和革命传统教育。

"国礼神州行"网上展览以较低的制作成本和独特新颖的形式陈列了近年来举办的有广泛影响、受观众喜爱的展览，包括《邓小平外交礼品展》、《国礼中原行》、《泰国国礼艺术特展》、《东盟十国国礼特展》、《世界瑰宝——中华人民共和国国际礼品展》、《帆影海韵——国际友谊博物馆馆藏舟船·海洋类题材礼品展》、《天地精华——国际友谊博物馆馆藏宝石矿石精品展》、《乐舞缤纷——开国领袖·表演艺术题材外交礼品展》等八个展览。这些精彩的网上展览使广大观众突破时空限制，随时随地欣赏世界文化艺术，体会深刻的教育意义。与实物陈列相比，"国礼神州行"网上展览具有一些优势，其展示内容更丰富、信息量更大，而且具有交互性，观众可在论坛上发表对展览的意见和建议。它为观众欣赏、研究国礼提供了一个良好的平台，促进了博物馆与观众之间的相互交流。

4. 加强图书、复仿制品等文化衍生产品的开发工作，让国礼更加贴近生活。

国礼作为新中国外交活动的重要见证，铭记历史，承载文化，让人们感受到历史的波谲云诡和世界的沧桑变迁。友博收藏的国礼大都是世界各国、各民族的文化艺术代表作，门类繁多，品种齐全，提炼其中一部分具有较高艺术价值的礼品的内涵，作为创意元素，运用到工艺纪念品的设计当中，制作出的复仿制品也具有较高的观赏价值和收藏价值。同时，友博深入研究，结合展览宣传工作，编辑出版了一些图文并茂、雅俗共赏的书籍和图录。"国礼神州行"系列展览中，这些蕴涵着异域民族风情的国礼文化衍生产品以馈赠或销售等方式向广大观众传播，使得神秘的国礼走近普通观众，自然地融入现代生活，满足了人们从中汲取经典文化元素和陶冶情操的愿望。

二、"国礼神州行"系列展览的思考

宣传展示、服务社会是博物馆的中心工作。"国礼神州行"系列展览把展示、宣传、教育和服务有机地结合在一起，积极地彰显了国礼的价值和友博的作用，为服务社会、服务观众做出了有益的工作。

但是，同样应该看到，这其中还有许多值得思考，需要在各方面努力和团结下进一步改善的工作：

1. 加强展览信息交流平台建设，合理规划展览线路。

近几年举办的"国礼神州行"系列展览中，国礼中原行、国礼南粤行、国礼新疆行、国礼陕西行系列展览分别在河南四地、广东三地、新疆三地和陕西四地举办。一套展览能向一个省级区域内数个地市的几十万观众展出，应该说是收效颇丰，而且展览在一个省内巡回展出可以有效降低办展成本，节约文物运输等费用，保证更多的经费切实投入到展览中，用于增配展陈设备、提高展示效果。

根据"国礼神州行"系列展览的效果和经验，各地观众对于国礼展是非常欢迎的，许多地方的博物馆也表示愿意引进国礼展。但是，在一个省内的几个地区连续展出的设想实现起来比较困难。以"国礼神州行"系列展览为例，能于一个时期内在一个省的数地举办国礼展，只有上述的四次，其中两次是文化公司策划的展出线路，一次是友博领导出面与相关文物行政管理部门协调促成的展览线路，友博与一个省内多家博物馆直接联系促成巡展的仅有一次，而且这仅有的一次，也是依靠博物馆领导之间的良好关系才促成的。这种情况在一定程度上反映出，博物馆之间、博物馆与文化展出公司之间缺乏展览联系商洽的平台，展览供需双方互相不了解情况，致使临时展览的推介和引进工作不够顺畅。

博物馆免费开放政策实施后，大部分博物馆都得到了相应的经费补助。当前的情况是，临时展览引进的主要问题并不是经费问题，许多博物馆需要临时展览，但是部分临时展览的引进往往是临时决定的，造成临时展览的举办缺乏计划性，准备起来很仓促。

如果文物行政部门或是行业协会能够搭建有一定规模的平台，为博物馆之间、博物馆与文化展出公司之间联系商洽临时展览提供指导和服务，方便各单位早日确定展览项目，安排展出计划，顺利开展后期工作，将会有效地改善这一局面。这种做法也会有力地推动博物馆之间、博物馆与文化展出公司之间相互交流，进一步规划合理的展览线路，有效降低展览成本，让更多更好的展览服务于社会，服务于观众。

2. 适时保养国礼，加强巡展中的文物保护工作。

"国礼神州行"系列展览中有相当一部分展览要辗转数地展出，直面各种复杂环境，这对展览中的文物保护提出了更高的要求。

由此，笔者提出的第一个问题显得尤为必要和迫切。如果能够合理规划好"国礼神州行"系列展览的线路和时间，那么对巡展中的文物保护工作将十分有利。在科学的展期展场安排下，于展览档期之间，可协调巡展国礼在展出地或是附近有文物保护修复资质的单位协助对其进行保养，既可相对延长文物展示时间，又对文物进行了定期保护，从而达到保护与展示并重的目的。

3. 收集外送国礼资料，丰富国礼展览内容。

友博在以往礼品征集工作的基础上，与各地政府、国礼生产企业、国礼制作者广泛联系，收集了大量我国外赠国礼的资料和部分实物，并进行了分析和研究。这项工作的深入开展，有利于逐步建立完整的中外交往中互赠国礼的资料档案。"国礼神州行"系列展览中，如果能把中外互赠国礼的有关情况（实物、资料等）共同展示出来，把国礼包含的中外历史和文化特征表现得更深刻，将会让展览更富有感染力。

4. 设计模块化展览单元，提供快捷的展览服务。

由于没有固定馆舍和基本陈列，虽然友博收藏的国礼达 16000 余件，然而经常用于展出的约两千件上下，文物藏品展出率仅在 10% 左右。因此，在积极设计多主题展览的同时，也应当重视提高文物藏品展出率，把更多鲜为人知的国礼展示出来，供广大观众参观和鉴赏。

友博的设计人员曾提出欧洲瓷器精华展、非洲木雕艺术展、佛教艺术展、饰品艺术展、宝石矿石类礼品展、舟船海洋类礼品展、表演艺术题材礼品展和丝绸之路沿线国家礼品展、伊斯兰国家礼品展等多个专题展览和策划方案，丰富了"国礼神州行"系列展览的主题和形式，提高了展览服务水平。在此基础上，还可以进一步将国礼按照不同展览主题或是依质地、地域、人物、功用等方面细化设计，形成一个个模块化单元。每个单元都具备陈列的基本特征，既能独立成展，又能根据展览需要，选取各个模块化的单元，组合成一个专题展览。以此，形成丰富的展览组合，降低每次筹展的工作量，缩短筹展周期，为社会和观众提供更好、更快捷的展览服务。

各美其美，美人之美，美美与共，天下大同。文化的交流、传播、转移、接纳、互补和融合，是人类文明发展的历史主流。在促进中外文化交流，推动我国文化遗产事业繁荣发展的过程中，每一件国礼都承担着重要的使命。怎样更好地表现国礼、诠释国礼，则是"国礼神州行"系列展览的责任所在。只有勇于探索、不断创新，加强研究、解决问题，积极展示、努力宣传，用更多精彩的"国礼神州行"系列展览彰显国礼的作用和价值，才能为广大观众欣赏、感悟异域文化，汲取世界文化的有益成果，开创我国文化遗产事业新局面做出更多的贡献。

对发挥国际友谊博物馆教育功能的
几点浅见

张晓奇

教育是博物馆的核心功能之一。作为以收藏、保护、研究和展示新中国对外交往中党和国家领导人受赠外交礼品为宗旨的国家级专题博物馆，国际友谊博物馆（以下称我馆）拥有其独特的藏品资源、人才资源和品牌优势。这种独特性和优势性，无疑为我馆社会教育功能的实现与拓展提供了广阔的空间和潜能。特别是在当前我国博物馆事业蓬勃发展的大好形势下，根据我馆自身特色，进一步挖掘其社会教育潜能，在全民教育体系中发挥更加积极的作用，是一个值得研究的问题。在此，笔者提出几点浅见，以期抛砖引玉。

一、研究博物馆教育的特点，在全民素质教育中找准定位

博物馆是陈列、展示、宣传人类文化和自然遗存的重要场所，是国民教育体系的重要组成部分，是承担社会教育责任的社会文化机构。其教育特点是为满足观众自我教育、自我完善和发展的要求而组织的非强制性教育。博物馆教育注重学习者多种智能的综合发展，注重以非强制手段达到预期的教育目的。其社会教育应坚持四化——质量化、规范化、标准化、人性化。博物馆与学习者是伙伴关系，对公众实行终身教育。

在当代中国，博物馆既是我国科学文化事业的重要组成部分，也是全民素质教育的重要一环，它在传播知识、提高公众文化素质的同时，也在弘扬科学精神与人文精神、陶冶情操方面发挥着重要的作用。从这个角度讲，博物馆在对青少年的教育方面无疑起着十分重要的作用。青少年时期是人一生学习的旺盛期，也是人的价值观、世界观形成的时期。针对这个年龄段的人所进行的教育决定着我们国家、民族的未来。博物馆有义务、有责任向他们传播社会历史文化知识，进行爱国主义、民族自豪感教育，培养他们高尚的思想品德和审美情趣，为国民素质的提高作出应有的贡献。

鉴于对博物馆教育特点和对象的深刻理解，这些年来，我馆在发挥博物馆教育功能，尤其在对青少年的教育方面做了大量工作。从 1981 年建馆至今，我馆在北京举办了 5 次基本陈列，在全国近 30 个省、市、自治区和香港特别行政区举办各种形式的巡回展览百余次，吸引了超过 1000 万的观众，其中一半以上为青少年观众，获得了可观的社会效益。2005 年，我馆进一步贯彻落实中共中央提出的"三贴近"要求，在总结多年工作经验的基础上，认真策

划研究，推出"国礼神州行"展览项目，向包括中小学生在内的广大观众展览展示我馆藏品。在送展进校园时，我馆根据各次展览的具体情况，不断丰富展览展示内容，如举办实物和图片展、开办讲座、进行有奖知识竞赛、举办有奖征文活动、邀请外地学生进北京参观学习等等，受到了广大师生的欢迎和好评。

以上对青少年的教育方式确实取得较大成效，但相对比较传统。我馆应在此基础上，加快教育模式的探索与创新，主动与学校教育相结合，使我馆丰富的馆藏资源更大限度地发挥作用。例如，可以主动联系校方，拓宽合作途径，举办各类展览，丰富"校园文化"；可以把文博知识讲座、文博图书推荐、征文与演讲活动办到学校中去；可以进一步加强与教育部门联合，与北京地区的大、中、小学和幼儿园等教育机构建立共建教育基地，制定共建计划，签订共建协议，开展形式多样的教育活动；可以与学校联合为学生制定详细的参观学习计划，为不同年龄段的学生量身打造展览，丰富学校教育的内容，调动他们学习的积极性和主动性，以达到最佳的教育效果。

二、深度发掘教育资源，丰富博物馆的教育内容与形式

经过近 30 年的努力，我馆目前已收藏来自世界 170 多个国家和地区的礼品 16000 余件，大致分为 30 余类、上百个品种。这些礼品具有重要的政治意义和纪念象征意义，蕴含较高的历史价值、科学价值和艺术价值。藏品的上述特点形成了我馆与其他博物馆截然不同的鲜明特色和风格。多年来，我馆发挥本馆特色和优势，通过各种陈列和展览，展示了新中国外交取得的辉煌成就和与世界各国人民的珍贵友谊，反映了党和国家领导人为外交事业做出的卓著贡献，同时也向广大观众展示了世界各地区、各民族异彩纷呈的文化艺术和风土人情。

在社会主义文化大发展、大繁荣的今天，如何把我馆丰富多样的国礼资源利用好发挥好，提供给观众更加丰富的教育内容和形式？这既需要教育观念的更新和教育方法的创新，更需要从国际重大政治、历史事件和世界各地的民俗、艺术、文化活动以及礼品背后的故事等多个方面，进一步深层发掘藏品的教育资源和社会价值，提炼大量具有教育意义的有益信息，为广大观众提供丰富的教育内容，通过展览等形式进行充分展示。

展览展示手段非常重要。随着现代高新科学技术的发展，公众审美意识的提升，需求的多元化和个性化，展品陈列的形式、手段等方面都发生了很大的变化。我馆应在运用传统的藏品、图片、旗帜、文字说明等手段布置展览的基础上，适当把声、光、电、数码、多媒体等现代技术手段运用到陈列展览之中，通过科技手段强化展品的艺术表现，通过技术含量提升展品的艺术魅力。实践证明，这些技术手段的使用能够给观众以强烈的视听冲击和震撼，能够更加生动、形象地展示展品的内涵，促进展览与观众之间的良性互动，也更能激发观众的好奇心和热情，从而使展览取得更好的社会影响。

三、加大宣传推广力度，提高博物馆的社会认知度

改革开放以来，随着我国综合实力的提升和人民群众生活水平的不断进步，公众的文化消费选择和取向发生了巨大的变化。如何在众多文化消费方式中异军突起，如何让公众更好地走进博物馆、了解博物馆、热爱博物馆，是许多博物馆面临的共同课题。应该指出，21 世纪的博物馆，已经不再是"酒香不怕巷子深"，而是需要借助不同的方法和途径宣传自己，甚至是推介自己。在这方面，我馆还存在许多可以突破的空间。

我馆要更为主动地使用多种形式或手段推广宣传我馆各类展览和文化活动，将丰富多样的国礼资源呈现给观众，让观众与国礼产生互动，从而获得感官享受，陶冶其情操，培养其兴趣，启发其进行更深层次的思索和学习。同时，要根据观众的文化层次、教育程度等方面的差异性，针对不同的群体有的放矢地策划宣传内容，让博物馆藏品（展品）的历史信息、艺术信息、人文信息有层次、系统化地传达给尽可能多的观众，让观看过展览的人了解更多的知识和信息，吸引他们多次走进博物馆，并把他们喜爱的国礼故事告诉给更多的人；让那些还没有亲身来到我馆的人，通过前者的口口相传，逐渐了解我馆，并最终走进我馆。

关于宣传策略与方式，我馆要紧密结合社会政治、经济、文化各方面发展的新形势，关注和研究社会热点、焦点问题，做好每个展览和文化活动的宣传策划方案，通过网络、报刊、电视等新闻媒体加以报道；可以与电视台合作，摄制国礼的专题资料片，在电视节目中播放；可以利用节假日和旅游旺季，与公园和旅游点合作，组织有特色的展览，并根据实际需要和展览需求，有计划地印制精美的宣传品和制作富有国礼特色的纪念品，扩大展览的影响；可以与文化中心合作，利用播放资料片、举办讲座等形式，进行文博知识普及、我馆概况介绍和陈列展览的推荐；可以配合国家和各地的重大活动，举办专题陈列和临时展览；可以配合学校的教育工作，举办生动有趣和富有教育意义的展览，丰富学生的课外知识；可以广泛开展公益性活动，积极参与地方文化建设，架起博物馆与社会、广大民众沟通的桥梁。通过这样做，才能极大地扩展我馆的教育空间，充分发挥国际友谊博物馆的特色优势，使我馆得到更广泛的社会认同，赢得更多的社会尊重和荣誉。

四、改善观众服务的质量和水平，提高教育效果

当代博物馆服务的重要特征之一是给予观众更多的人文关怀，摆脱呆板说教、忽视观众生理和心理需求的弊端。所以博物馆的服务质量和水平始终与博物馆教育功能的发挥相辅相成。换言之，我们不能想象任何低质量、低水平的观众服务能带来博物馆教育的最终成功。我馆应在总结以往对观众服务方式和质量的基础上，进一步增强为观众服务的意识，通过高质量的服务吸引观众和提高观众满意度，推动我馆各项工作的全面发展。

博物馆的服务是多层次、多方面的。我馆应着力构建一个学习、交流、休闲、娱乐四位

一体的服务体系，为观众提供一个轻松愉悦的学习课堂，一个舒适宜人的休闲场所，让观众在娱乐中接受教育，在休闲中增长知识。例如，展览内容与形式设计是否充分考虑观众的需求，展线安排是否适宜观众参观，展厅中是否有为残疾人、老人和儿童等特殊人群服务的设施，观众能否买到适合于他们的纪念品等等。这些问题虽然很细微，但都能够直接反映出博物馆是否以服务大众为主要出发点，是否做到人性化服务。

展览是博物馆进行社会教育最主要的手段。要贯彻"三贴近"原则，更广泛地服务于社会和公众，就要做好展览的完善和评估工作。我馆应经常通过发放意见反馈表、整理观众留言簿等形式，广泛听取来自不同层面、不同群体观众的意见，在展览前后对展览进行多次评估。在此基础上，通过专家论证，使所办的展览既赢得专家的认同，又获得广大群众的认可。有时这个过程甚至需要不止一次来完成，从而使展览真正为观众所办，达到观众的满意。

在服务方式上，尤其是文化产品的开发上，我馆要适应市场经济时代的要求，走创效益之路，开拓发展空间。博物馆的文化产品包括展览、纪念品、报刊书籍、科研成果等。我们应该充分认识到，博物馆文化产品的开发和市场化，既是对观众服务的重要内容，更是博物馆教育与传播的重要手段，是博物馆陈列与藏品价值的延伸。文化产品开发关乎博物馆教育、传播功能的实现，影响到博物馆的生存与发展。我们应当花大力气做好文化产品的开发这项工作。

纵观当代博物馆的特点和发展趋势，我们可以看到，博物馆的教育功能不断加强，教育定位不断创新，教育内容不断丰富，教育形式和途径更加多样化。在博物馆事业发展新的历史起点上和我国博物馆对社会公众免费开放的背景下，相信我馆能够充分发挥富有特色的教育功能，积极融入社会，为丰富社会公众的文化生活，提高国民素质，促进国际文化交流，推动社会主义文化大发展大繁荣作出应有的贡献。

国际友谊博物馆部门预算改革回顾

颜 鹏

近几年，党中央、国务院高度关注部门预算改革，财政部和上级单位都对深化部门预算改革提出明确要求，即必须进一步加大改革力度，加快建立框架体系完整、内容有机结合、运转高效有序的财政资金分配、使用和管理机制，努力提高财政资金的规范性、安全性和有效性，实现预算管理的公开、公正、公平。根据这种指示精神，从 2000 年开始，我馆在自身预算改革尝试的基础上，在财政部和上级单位的推动下，依据中央部门预算编制改革办法，开始了部门预算改革工作，在许多方面取得了可喜的成果，为项目管理体制的改革和完善做出了应有的贡献，为财务管理制度的深化改革奠定了坚实的基础。但是从总体上看，我馆部门预算改革虽然取得了一定的成效，但与科学、规范、先进的预算管理制度的目标仍然存在较大差距。

以下是我馆在部门预算改革工作过程中的一些探索和尝试，作为心得体会与大家交流、探讨。

一、建立健全预算决策机制

完善预算决策机制是党的十六大就提出的明确要求，是推进依法理财、科学理财、民主理财的重要内容。近几年，在预算改革不断深入的形势下，我馆在这方面进行了积极的研究和探索。

一是要科学把握预算决策的根本要求。预算是政府调控经济社会发展的重要手段，所以预算决策必须与政府的宏观决策相一致，这是我馆预算决策的基点。在实际工作中，我馆按照科学发展观的要求，根据重点工作规划和部门项目目标，合理确定财政功能结构和支出规模，使财政资金分配与国家宏观政策、上级单位和本馆发展规划及部门事业发展目标紧密结合起来。

二是改进预算决策方式和决策程序。科学、民主、规范是预算决策的总体目标，我馆围绕这个目标来改进预算决策的方式，完善决策程序。在安排财政预算时逐步拓宽预算决策参与者的范围，听取大家的意见。在预算项目取舍和资金数额确定上，不断加强对项目的可行性研究论证，建立完善重大支出项目库的评审机制，充分发挥项目执行主体的部门职能和专家作用。

三是准确把握预算决策的重点内容。由于每年需要决策的预算事项很多，难以做到面面俱到，所以我馆从提高决策的整体效果出发，预算决策的重点是围绕基础行政工作和业务工作两大类方向进行。业务工作中不仅包含了基础业务工作还有一些科研课题，是对未来工作瞻望的亮点，要做到把握重点，充分发挥财政资金在提供保障、实施调控、促进平衡、统筹发展等方面的有效作用。

二、建立完善预算管理机制

预算管理涉及预算编制、执行、监督等多个环节，各个环节相辅相成，互相支撑。务须细化预算，统筹管理，加强预算编制与预算执行等环节的有机结合，推进预算科学化精细化管理。

近年来，中央部门预算编制的精细化水平进一步提高，明确了预算编报范围，要求每项支出都落实到具体承担单位，使各单位的预算与其履行职能紧密结合起来。在这种形势下，我馆充分结合事业单位体制改革进程，研究事业单位预算管理机制，逐步改进事业预算管理方式和财政经费的执行政策。按照市场经济体制下政府职能定位和公共财政的支出范围，并依据事业单位所承担职责的社会公益程度，预算安排起到保障合理的基本支出需要和事业项目的进程规划的作用，并结合公益性，逐步融入一定市场性的机制，采取公益财政资金的主导形式，获取一定的市场经济效益。作为公益性事业单位，我馆将原来用于养人模式的资金管理体制调整为单位事业项目发展的预算管理模式，变养人为办事。

以我馆2010年为例，2010年预算编制体现了"三个结合"：一是与部门预算执行重点工作相结合。对2009年项目支出预算执行进度慢的，按比例相应核减2010年项目支出预算。对2009年项目支出预算效率高的内容重点安排。将展览的事业收入纳入预算管理，全部用于职工工资福利的发放，弥补人员经费缺口。二是与结转和结余资金管理相结合。要求优先动用延续项目结转资金，对部门截至2008年底累计结余资金，在编制预算时尚未动用的原则上全部统筹用于2010年预算支出，作为预算安排的首要来源。三是与资产管理及政府采购相结合。扩大了新增资产配置预算编报范围，完善了审核机制和流程，加强了对资产配置支出预算安排情况的审核。同时，按照政府采购管理要求，细化了政府采购预算编制，全面反映政府采购的规模、内容和结构。

三、加快项目库建设步伐

我馆从2004年起建立了项目库，六年的项目库建设使我馆的事业发展取得了一定成效。六铺炕文物库房租金和柏林寺、六铺炕日常维护项目保证了办公用房和文物库房的正常运转。专项业务费项目、迎奥运新中国外交礼品特展项目、国礼神州行项目，以及中华人民共和国开国元勋外交礼品展项目等，为事业发展奠定了丰厚基础。

但从总体上看，项目库的管理和运行水平有待提高，进库项目较多，库内项目更新不够及时，缺乏更科学更严谨的可行性研究论证。因此，笔者认为有必要进一步改进项目库管理，加快项目库建设。要不断引进新的项目管理办法和手段，提高项目管理的量化程度，通过区分不同类型项目，对项目支出内容进行细化分解，对其构成因素采取标准化定量核定的方法，实现项目支出的定量管理，进一步实现项目的滚动管理。将项目管理工作向前延伸到部门的预算编制准备阶段，项目支出预算的编制与部门工作的中长期规划结合起来，逐步建立预算滚动管理机制，编制中长期预算。加强项目库管理建设和运行规范，从项目库中筛选项目编制预算。

四、深入推进各项相关改革

我馆在抓好部门预算编制改革的同时，还积极推进各项相关改革。

一是继续深化收支两条线改革。积极清理收入项目，纳入预算管理，逐步缩小预算外资金规模，最终实现收支彻底脱钩。

二是加快国库集中收付改革。扩大集中收付改革级次，完善国库集中收支制度体系，规范操作程序，扩大直接收付资金范围，提高资金收付效率，逐步建立以国库单一账户体系为基础、以国库集中收付为主要资金缴拨形式的现代国库管理制度。

三是加快政府采购改革。理顺政府采购管理体制，严格采购预算编报程序，进一步提高采购预算编报质量。加强政府采购规范化建设，加大政府采购资金实行财政直接拨付的力度，切实扩大采购范围和规模。

四是加强部门预算执行分析。通过预算执行信息反馈，及时改进预算编制工作，促进部门预算编制与执行衔接，进一步提高部门预算编制水平。

五、部门预算改革的重大意义

预算改革是财政支出管理改革的重点之一。十年来，我馆在预算改革上进行了大量的探索，在预算的形式、内涵、编制方法等方面取得了重大突破。每年部门预算都由我馆主要领导和有关专家组成项目组，在实施前制定出详细的"项目实施方案"，包括审批制度、财务制度。项目的全部支出都实行法制化和规范化的管理，在制度上确保项目顺利、高标准的运作。各部门针对预算相关组成部分，建立课题研究组，根据我馆的实际情况，不断完善方案设置，分阶段实施项目目标。

回顾国际友谊博物馆十年中部门预算改革酝酿出的项目成果，项目社会效益良好，在弘扬中国共产党的先进性和优良传统、促进业务发展、推动事业建设、提高公民道德修养、扩大国礼宣传教育面上意义重大。项目的个性化、艺术化、品质化起点高，目标明确，有扎实的组织实施条件，政策保护依据翔实，符合国家文物发展规划要求，项目前期准备充分，方案可行性较强，内涵丰富，释放出的精神能量大，公益价值和教育品味高，在文物价值利用和注重社会效益上符合国家的文物工作原则。

我馆部门预算改革的十年不仅是预算形式、预算内涵、预算编制方法不断进步发展的十年，更是单位事业蓬勃发展的十年。我作为一位负责单位预算的工作人员，在十年中积极主动地学习各种预算相关政策和知识，逐步深入摸索和尝试科学有效的预算管理方法，在实践中磨砺自己，不断地进步、成熟，提高自己的业务水平，与我馆的预算改革共同成长，也见证了我馆在预算改革中，预算管理日臻制度化、科学化，不断完善发展的历程。

国际友谊博物馆2011年部门预算

郝 静

2011年中央部门预算工作已经开始，我馆根据财政部、国家文物局的具体要求，结合我馆实际工作情况，在上年预算基础上删减了部分预算内容；调整了部分微观预算数据；在保留传统优势项目"国礼神州行"的同时，为其增加了新的内容"国礼神州行——2011年红色旅游巡展"，同时我馆还增加了新的项目《中国共产党建党九十周年外交礼品展》。

本次预算编制工作，我馆从上至下高度重视，馆领导多次组织编制预算人员开会论证，提出我馆不应局限于当前已开展的成熟项目，应该配合国家的政治大事开动脑筋寻找新项目、开发新项目。安排各基层部门在基础的行政工作和业务工作两大类内，提出基本预算内容和项目预算内容框架。根据各部门提出的预算方案，馆内所有编制预算的人员进行了积极认真的讨论和研究，务求2011年的预算做到科学、严谨、合理、可行。

关于2011年项目支出预算编制内容，我馆主要围绕以下工作展开。

一、日常维护费

日常维护费就是保证正常开展工作的维护费用。我馆的日常维护费分为两部分，一部分是柏林寺办公区和六铺炕一号院的水、电、供暖、零星维修等基本费用；另一部分是六铺炕文物库房设备维护保养、设备运行管理、设备配件检修及局部更新改造费用的支出费用。在这块费用的编制中，编制部门结合上年的数据对2011年的数据进行了微调，在大环境不变的条件下，该块数据一般变化不大。

二、专项业务费

专项业务费是具体到各个部门的费用，囊括了藏品库房管理经费、安全保卫经费、展览宣传和科学研究工作经费等。

1. 藏品是博物馆赖以生存和发展的重要因素和根本保证，藏品的数量和质量决定博物馆的规模和地位，因此藏品的保护管理是博物馆的长期任务。

我馆现有藏品数量一万六千余件，这些藏品的保护管理是我馆各项业务工作的基础。在该项目的预算编制上，针对展品的修复、文物箱匣的制作、专业设备仪器购置等方面都给予了重视。

在科技高速发展的今天，使用计算机进行藏品保护等工作的辅助管理，既是我馆当前的新任务，也是该项工作的新要求。我馆在计算机管理上一直在摸索，在今年的预算里增加了部分预算费用，以期待有所突破。

2. 安全保卫工作也是博物馆的基础工作之一，该项工作意义重大。具体到我馆，保卫工作难度更大，因为我馆不但办公地分为两处，还由于没有展馆，需要全国各地巡展，安全保卫工作的难度非常大。目前，全世界各国的文物安全形势都很严峻，盗窃分子的犯罪手段越来越高，他们已经把罪恶的黑手伸向了博物馆。如，1992年9月18日河南开封博物馆失窃，2010年8月23日开罗博物馆梵高名画被盗等。这些博物馆都有基本的、甚至先进的防盗设施，但依然发生了失盗事件，可以说"道高一尺，魔高一丈"。博物馆的安全保卫工作在当今社会背景下，应该提高到很重要的地位。

防火工作也是我馆安全保卫工作的重要内容，我馆在古建中办公，防火很重要。馆藏品的防火更是重中之重。消防器材需要时刻保持良好状态，这方面的预算必不可少。

3. 展览及其宣传是博物馆的日常工作内容。由于我馆长期无固定馆舍和展陈场所，办展览搞宣传都不可能局限于一个地方，需要寻找展地，依展地的情况举办相应的展览，故必须提供一定的资金支持，以便加大宣传力度，拓展博物馆业务活动的空间，将展览办得更加贴近人民群众需求。

此外，我馆在科学研究工作和社会教育工作中也望有所突破，这也需要财政费用的支持。在编制本部分预算时，我馆是本着能够执行且需要执行，反复论证后，确定了具体的预算金额。

三、专题展览项目

1. 国礼神州行——红色旅游巡展

鉴于中国红色旅游的热潮和我馆举办"国礼中原行"的成功经验，我馆利用独特的馆藏资源，发挥自身优势，策划了"国礼神州行——2011年红色旅游巡展"项目，并在以往执行预算的基础上，报出预算费用。

2.《中国共产党建党九十周年外交礼品展》

2011年是中国共产党成立90周年，作为国家文物局直属的收藏、研究、展示和宣传新中国外交礼品的专题博物馆，我馆策划了《中国共产党建党九十周年外交礼品展》，并对该展览进行了项目测算，制定了预算文本。

此外，本次预算中关于六铺炕文物库房的租金依然按往年的数据编制，没有变化。

上述几方面的内容就是本次项目预算的主要内容，我馆通过讨论和研究论证后上报了项目。项目将由财政部审批通过后，列入中央财政项目库，实行滚动管理。项目文本包括项目申报书、项目可行性报告和项目预算明细表，项目评审报告和一系列反映宏观数据的报表。此外，在编制2011年基本支出预算时，我馆根据上级下达的预算数，分别按照人员支出、对个人和家庭的补助支出、日常公用经费支出三个科目编制的方法，将人员经费和日常公用经费的编制都控制在标准范围内，定员定额、合情合理地编制了本次基本支出预算。

展览活动

　　2008年8月7日，我馆迎奥运特展《世界瑰宝——中华人民共和国国际礼品展》在中国人民革命军事博物馆隆重开幕。图为全国政协副主席孙家正等领导为展览剪彩。（图片提供：范小渊）

　　2007年6月9日，我馆在河北省黄骅市博物馆举办"中国文化遗产日"活动。图为颁奖现场。（图片提供：马先军）

2008 年 9 月，我馆在山东省青岛市博物馆举办《帆影海韵——国际友谊博物馆馆藏舟船·海洋类题材礼品展》。图为展览组工作人员在摆放展品。（图片提供：周旻）

2008 年 11 月，我馆在陕西省西安市半坡博物馆举办《至尊国礼——中华人民共和国国际礼品展》。图为观众在参观展览后留言。（图片提供：张瑛）

2009 年 1 月，我馆在陕西省宝鸡市青铜器博物馆举办《至尊国礼——中华人民共和国国际礼品展》。图为展览开幕式盛况。（图片提供：张瑛）

2009 年 3 月，我馆在天津周恩来邓颖超纪念馆举办《至尊国礼——中华人民共和国国际礼品展》。图为展览组全体工作人员。（图片提供：项朝晖）

　　2009 年 5 月，我馆在中国黄金集团公司举办《至尊国礼——国际友谊博物馆馆藏珍品展》。图为展览组工作人员给中国黄金集团公司的员工讲解礼品。（图片提供：蒋潇）

　　2009 年 8 月，我馆在国家大剧院举办《乐舞缤纷——开国领袖·表演艺术题材外交礼品特展》。图为张健馆长在开幕式上致辞。（图片提供：蒋潇）

2009 年 9 月，我馆在上海市闵行区博物馆举办《至尊国礼——中华人民共和国国际礼品展》。图为展览开幕式现场。（图片提供：曾光）

2010 年 4 月，我馆在陕西省西安市大唐西市博物馆举办《至尊国礼——丝绸之路沿线友好国家国礼展》。图为展厅一角。（图片提供：隋立新）

2010年5月18日，我馆在海南省博物馆举办"国际博物馆日"活动。
（图片提供：曾光）

2010年7月，我馆在宁夏博物馆举办《明月和风——国际友谊博物馆
藏伊斯兰国家国际礼品展》。图为外国友人参观展览。（图片提供：蒋潇）

国礼故事

高 丽 青 瓷

周 旻

　　在国际友谊博物馆馆藏礼品中，有一件朝鲜政府赠给中国政府的青瓷暗花瓶。该瓶形似中国传统的梅瓶，口与底足稍大；外面采用半阳刻和阴刻的手法，满刻牡丹枝花纹，口沿下部与底足上部均镀一圈金线；图案中花瓣和叶脉清晰，清新雅致。该瓶体现了高丽青瓷的传统工艺及其艺术魅力。

　　高丽是中国对古代朝鲜的一种称谓。公元 1 世纪后，朝鲜半岛形成高句丽、百济、新罗三个国家。7 世纪中期，新罗统一朝鲜。918 年，朝鲜国王王建定国号为"高丽"。1392 年，高丽三军都制使李成桂废除高丽第 34 代王，自称国王，并改国号为朝鲜。

　　高丽青瓷产生于公元 9 世纪新罗后期，是在中国越窑系青瓷的影响下发展起来的。它采用还原烧制法，一般烧制二次。第一次在 700℃～800℃温度中烧制，然后在烧好的胚胎表面上施以淡绿色的石灰质釉，再用还原焰在 1250℃～1300℃的高温下瓷化，烧成后胎土即呈暗灰色，釉色类似于翡翠绿，几乎透明。

　　高丽青瓷产生初期大致分为两类：一类为玉璧底的优质青瓷，窑址主要分布在朝鲜西南海岸一带。这类青瓷的生产从 9 世纪后期一直延续到 11 世纪前半叶，与中国唐朝越州地区（今浙江省东北部）制作的玉璧底青瓷在器形、烧法、匣钵上都极为相似。这类青瓷由于工艺要求高，制作精美，价格昂贵，生产数量受到限制，只能满足上层社会的需要。另一类为粗质绿青瓷，窑址主要分布在仁川景西洞和全罗南道海南郡山一带。粗质绿青瓷在玉璧底青瓷稍后出现，从 10 世纪延续到 12 世纪前期，其器形不仅有中国晚唐、五代时期风格，在烧造工艺上与中国青瓷也很相似。此类青瓷质量要求不是太高，价钱便宜，产量很大，广泛用于一般百

青瓷暗花瓶

姓的日常生活中。

10世纪末到11世纪，高丽青瓷在技术上逐渐走向成熟，无论是工艺水准、质量，还是外观、纹样的种类，都有了较大的改进。尤其是受陶瓷艺术处于大发展、大繁荣时期的中国宋朝的影响，高丽青瓷在器形和纹样等方面变得多样化，其风格在此基础上逐渐向突出高丽文化的方向发展过渡。这一阶段流行阴刻、印花、铁画、堆花等装饰方法，并继续试用镶嵌纹，纹饰内容有菊唐草纹、水波纹、鹦鹉纹等。

11世纪中期到12世纪初期是高丽青瓷中的纯青瓷最完美的时期，还原烧制技术更加精湛，翡色青瓷处于完美阶段。这时的翡色呈半透明状，瓷化好，胎质致密；在器形、纹饰和烧制等方面也把中国的影响逐渐本地化，更趋向发展成高丽式的器物，凸显出端庄典雅的风格，从而达到了高丽青瓷发展史上的第一个高峰。这一阶段纹样表现和素材从以唐草纹为主，过渡到以云鹤、芍药纹、双龙纹、莲池纹、牡丹唐草等动植物的纹样为主。

仁宗元年（1123年），中国北宋徽宗皇帝派到高丽的使臣随员徐兢在其著作《宣和奉使高丽图经》中写道："陶器色之青者，丽人谓之翡色。近年来制作工巧，色泽尤佳。"又说"狻猊出香，亦翡色也，上有蹲兽，下有仰莲以承之。诸器唯此最精绝。"宋朝是中国瓷器非常发达的时期，能得到宋朝使者的称赞，反映了当时高丽青瓷的制作水平和艺术魅力。12世纪中期，高丽青瓷又开辟了新的领域，釉的颜色更透明、亮丽，釉面出现开片，新的精致的阴刻和阳刻纹样不断发展，更加成熟。

高丽镶嵌青瓷产生于12世纪中后期，其镶嵌的技法和纹样的布局都得到了很大的发展，器形和纹样二者间非常协调，显示出了独特而精美的民族特征。这表明高丽风格的青瓷已经完全形成。镶嵌青瓷的成熟在高丽青瓷发展史上形成了第二个高峰，这种技法一经出现便被广泛采用，成为此后300年间瓷器生产的主流。除了纯青瓷和镶嵌青瓷之外，铁画青瓷、堆花青瓷、铁彩青瓷、练理纹青瓷、画金青瓷等也在这一阶段大放异彩。这期间，高丽青瓷的纹饰风格以写实为特色。

13世纪，蒙古人的入侵打乱了高丽青瓷的发展进程，其烧制工艺和镶嵌技术开始走下坡路。14世纪后期，单纯的印花纹施于青瓷，成为15世纪朝鲜粉青沙器的前身。

可以说，高丽青瓷代表了朝鲜陶瓷发展的最高水平，是朝鲜古代文化艺术的结晶之一。

"解放者"的佩剑

周彩玲

在 2008 年北京奥运会期间国际友谊博物馆举办的《世界瑰宝——中华人民共和国国际礼品展》和 2009 年国家博物馆举办的迎国庆 60 周年《复兴之路》展中，都陈列了一件极为精美的礼品，它就是 2004 年 6 月 28 日，委内瑞拉总统查韦斯在庆祝委中建交 30 周年纪念活动上，请中国驻委内瑞拉大使居一杰向中国国家主席胡锦涛转交的一份纪念品——南美解放者西蒙·玻利瓦尔生前佩剑的复制品。

"解放者"之剑

这把镀金镶钻石佩剑，虽为复制品，但精致的做工与华贵的装饰，无不彰显出佩剑主人非同寻常的地位。使人不得不猜想：它与它的主人有着怎样的渊源？原件保存在哪里？查韦斯为什么要把它作为国礼赠送给外国领导人？

众所周知，西蒙·玻利瓦尔是南美洲家喻户晓的民族主义英雄。1783 年 7 月 24 日，他出生于委内瑞拉加拉加斯一个富有的西班牙移民后裔家庭。由于不满西班牙殖民者在南美洲的黑暗统治，19 世纪初，他参与领导拉丁美洲的民族独立斗争，并成为南美洲北部地区最重要的领导人。在近二十年的戎马生涯中，他领导起义队伍，面对异常凶残的殖民者，凭借顽强的斗志、坚定的信念、天才的感召力和崇高的使命感，率军穿越毒虫猛兽出没的热带丛林、泥泞的沼泽地和终年积雪、人迹罕至的安第斯山，经过 470 多次战斗，历经无数挫折，最终赶走了西班牙殖民者，解放了今天南美洲北部的委内瑞拉、哥伦比亚、巴拿马、厄瓜多尔、玻利维亚和秘鲁。这几个国家后来便被称为"玻利瓦尔国家"。他在战斗中所表现出来的那种面对困难百折不挠的英雄气概和为拉美解放事业英勇献身的精神，为世人所崇敬。

1813 年，当他率领军队解放他的家乡委内瑞拉首府加拉加斯时，第一次被授予"解放者"的称号。1825 年，利马市政府为感谢他为解放秘鲁所作的贡献，赠予他一把"解放者的佩剑"，史称"秘鲁之剑"。佩剑通长一米,剑身用闻名世界的大马士革花纹钢制成,正反两面镌刻着精致、细腻的大马士革式样的黑白纹花饰,还有"西蒙·玻利瓦尔,秘鲁的解放者,1825年于利马"等字样。剑柄镶嵌 800 多颗钻石及一块红宝石,雕有玻利瓦尔头像、秘鲁国徽及"秘鲁谨献给它的解放者"的字样。剑鞘则用精致美观的凿錾花纹装饰并镶有一块红宝石。整把宝剑除剑身为钢制,其他部件均为 18k 金制。精美华贵的佩剑,透露着秘鲁人民对解放者的尊崇与景仰。玻利瓦尔非常珍惜它,认为它比王冠还要重要——不仅因为它的华贵,更因为它上面有秘鲁人民赠予他的"解放者"称号,这是责任与光荣的标志。从此,这把宝剑就跟随着玻利瓦尔征战于南美独立战争的战场上,时刻鞭策他为南美人民的独立和自由而战。1830 年玻利瓦尔去世后,作为解放者生前的重要文物,宝剑一直存放于他在加拉加斯故居的博物馆里,以激励后人。

玻利瓦尔不仅是一位杰出的军事统帅,也是一位拥有坚定的民族民主革命思想的政治家。他手中握着的宝剑不仅是为拉美的独立而战,更是为拉美人民的民主、自由和团结而战。玻利瓦尔青少年时期在西班牙、意大利、法国、美国等地的留学和游历,使他深受欧洲启蒙思想、法国大革命和美国民主革命思想的影响。在领导拉美人民获得独立后,他严词拒绝了某些人要他称帝的建议,而主张建立一个类似美国的民主共和体制。他说:一个献身正义事业的斗士"不是为权力而战,也不是为财富而战,更不是为荣誉而战,他仅仅是为自由而战。"

玻利瓦尔认为刚刚独立的拉美国家,若想真正获得民族独立,就必须团结起来,建立拉美国家联盟,共同反对外来侵略和干涉。为此,他推动建立了包括今天委内瑞拉、哥伦比亚、厄瓜多尔和巴拿马四国在内的大哥伦比亚共和国。1826 年,玻利瓦尔在巴拿马主持召开了第一次泛美会议,倡导拉美团结。因此玻利瓦尔在拉美又享有"一体化之父"之称。不幸的是,他昔日的盟友更希望做地方的独裁者,而不愿受制于联盟国家下的民主宪法。大哥伦比亚共和国很快解体了,拉美联合的梦想也落空了。然而,玻利瓦尔关于拉美联合的理想,却依然激励着一代代拉美人沿着团结的道路不断前进。

在玻利瓦尔去世至今的 180 年里,拉美各国仍然面临着建立和完善民主体制、巩固政治独立、反对霸权主义、发展民族经济等一系列艰巨任务。他们在发展的过程中迫切感到加强联合与团结的重要性。拉美各国认识到,他们现在仍然需要玻利瓦尔,需要玻利瓦尔的民族民主革命思想和拉美联合的理想。1983 年,为纪念玻利瓦尔诞辰二百周年,委内瑞拉等拉美国家举行了各种纪念活动,其中有一项庄重的仪式,就是由委内瑞拉总统亲自将解放者生前用过的佩剑从他的故居移到其安葬之所"伟人祠"。宝剑又回到英雄的身边,或许他们以此希望英雄的精神与战斗力会被重新点燃,照亮拉美国家前进的道路。

玻利瓦尔在拉美人民的心中享有崇高的威望。在委内瑞拉,他更被尊为"国父",以其名字命名的建筑无处不在,有玻利瓦尔博物馆、玻利瓦尔广场、玻利瓦尔中心、玻利瓦尔故居等。他已成为委内瑞拉人一面象征着独立、自由和团结的旗帜，拥有众多的狂热崇拜者，现任总统查韦斯就是其中一位。

　　查韦斯在十几岁时就阅读了大量有关玻利瓦尔的著作，英雄的传奇经历、人格魅力、革命思想和社会理想都对其产生了深远的影响。查韦斯极为推崇玻利瓦尔的民族主义、平民主义及拉美联合的思想。他的许多政治活动都打出玻利瓦尔的旗帜。1982 年，他创建的第一个政治组织就命名为"玻利瓦尔革命运动 200"。参选总统时，他在政治演说中慷慨陈词，声称要完成玻利瓦尔未竟的梦想，从而赢得广大下层民众的支持。1998 年当选总统后，上台伊始他便把"玻利瓦尔"加在委内瑞拉的国名中，改称"委内瑞拉玻利瓦尔共和国"。他推行的一系列对内对外政策更是鲜明地打出了"玻利瓦尔主义"的旗帜。对内，他大刀阔斧地推行名为"玻利瓦尔革命"的社会改革。对外，查韦斯一改前任政府的亲美政策，高举玻利瓦尔关于拉美联合的大旗，积极推进拉美各国在经济和政治等领域的合作，主张用"美洲玻利瓦尔替代计划"抵制美国倡导建立的美洲自由贸易区计划，不但与美国拉开距离，而且成为著名的"反美斗士"。即便近年来，查韦斯极力推行的"21 世纪社会主义"，其理论来源也主要来自玻利瓦尔的民族主义、平民主义及拉美联合的思想。

　　查韦斯对玻利瓦尔的崇拜也表现在日常生活中。2005 年底，查韦斯将决定兴建的一级方程式赛车场命名为"玻利瓦尔"。2008 年 11 月，他将中国兖州集团承建的委内瑞拉动车组，命名为"玻利瓦尔号"。2010 年 7 月 16 日，为查清玻利瓦尔的真正死因，他亲手组建了包括 50 名国际法医、人类学家、化学家和历史学家的联合团队，开棺验尸。2010 年 7 月 24 日，在纪念玻利瓦尔诞辰 227 周年之际，查韦斯主持了玻利瓦尔尸骨下葬仪式，并表示以后将为玻利瓦尔尸骨特制金质骨灰盒，建专门墓地等。

　　对玻利瓦尔有着深厚情结的查韦斯在国务赠送礼仪中，也多将与"解放者"有关的礼品送给外国领导人，如"解放者勋章"，玻利瓦尔全集、传记、油画和他使用过的一些物品复制品等。"解放者"生前佩剑的复制品，是查韦斯比较钟爱的赠送礼物，除赠送给胡锦涛主席外，还多次被赠给其他外国领导人。如 2006 年 1 月，查韦斯将其赠送给了玻利维亚首位印第安人总统莫拉莱斯；2008 年 12 月，查韦斯把它赠送给了古巴国务委员会主席兼部长会议主席劳尔·卡斯特罗。在查韦斯看来，这把佩剑是"解放者"英勇精神和伟大理想的象征，是委内瑞拉崇高荣誉的代表。把它送给外国领导人，既表达了他对该国领导人的友好和尊重，又寄托着他对"解放者"的深深敬意和怀念之情。

　　查韦斯曾有一句名言："上帝是最高统帅，接着是玻利瓦尔，然后是我。"他也在很多场合说过"今天玻利瓦尔重新回到我们中间了"，"玻利瓦尔的利剑又复活了"。显然，他早已把自己当作"新时代的玻利瓦尔"，至于他能否继续挥舞着"解放者"的佩剑，去实现玻利瓦尔未竟的梦想，支持者与反对者都在拭目以待。

从巴基斯坦玉雕说起

张贵玲

1984年巴基斯坦外长雅各布·汗访问中国期间，赠送给中国政府一个玉石花瓶。

这个玉石花瓶由一整块玉石精雕而成，天然纹理自然生动，似行云流水，极为美观。器壁上有一橙红色纹理的椭圆形图案，其内是一无规则的杂色花纹，色调柔雅迷离，若隐若现，仿似一个婀娜多姿的舞者，又似一朵变幻的云霞，透出一种动态美的神韵。

中国与巴基斯坦多年来互为友好邻邦。巴基斯坦是最早承认新中国的国家之一。1951年中巴建交以来，两国友谊不断加强，前中国国家主席江泽民同志还曾在巴基斯坦工作过一段时间。在打开中美关系坚冰之际，巴基斯坦曾起到了桥梁作用。当时基辛格秘密访问北京就是借道巴基斯坦，从而在现代国际外交史上留下一段传奇。

在许多重大国际问题上，巴基斯坦总是带头坚决支持我国。同样，我国政府也是尽可能全力支援和帮助巴基斯坦。特别是最近巴基斯坦遭遇特大洪水灾害时，中国政府在自己国家部分地区同样遭受特大泥石流和洪水灾害的情况下，仍力所能及，慷慨解囊，先后为巴基斯坦提供了价值3亿多元人民币物资和资金的人道主义紧急援助，并表示今后还将提供更多的援助，这在国际上是少有的。这充分说明了两国友谊是亲密无间和牢不可破的。

再说巴基斯坦玉雕。巴基斯坦玉石与闻名世界的新疆和田玉同属昆仑山玉石。远在清朝乾隆年间就有痕都斯坦白玉传入中国。痕都斯坦位于印度北部，包括克什米尔和巴基斯坦西部，玉石业发达，玉匠手艺造诣很高。痕都斯坦玉匠喜用纯色的玉材雕琢，即一器一色，尤多选用白玉或青白玉，透明晶莹。这与中国传统玉器的留玉皮或杂色玉雕，形成了鲜明的对比。乾隆期间的皇亲国戚都非常喜爱这种玉器，当时曾大量购买和收藏。

玉石花瓶

现在巴基斯坦主要生产的是一种次玉（有人称之为花玉）。巴基斯坦北部雕制玉器的作坊不少，出产的玉器种类也很多，除通常所见的类似中国梅瓶的花瓶，还有笔筒、台灯座、烟缸、各种造型的鸟兽、项链、手镯等。这些玉器不仅在国内销售，同时还出口到国外。在巴基斯坦各大城市，甚至小城镇上都有玉器出售，价格不是很贵。

值得一提的是器物上的图案，多是天然纹饰。因为这种玉是白玉或青玉与各种颜色杂石混在一起的，一经加工和雕磨便呈现出各种形状的花纹、图案，有的酷似中国的山水画，有的像人头，但多数为曲曲弯弯或长条线状图形。真正单一纯色的多为小件器物，如烟灰缸等，大件器物纯色的很少见。雅各布·汗外长赠送的玉瓶可以说是巴基斯坦玉雕中的精品。

尼泊尔花窗

隆　文

国际友谊博物馆收藏不少来自尼泊尔的花窗，如 1979 年 8 月，尼泊尔国王比兰德拉和王后赠送给邓小平的孔雀花窗等。一扇扇色调厚重、雕工繁复、构图奇妙的花窗，弥漫着雪域圣地久远醇厚的艺术气息，令人神迷，引人遐思。

"莲花"宝地　孕育奇葩

尼泊尔是喜马拉雅山脉环抱着的内陆山国、佛祖释迦牟尼的诞生之地，一个神奇、美丽的地方。

尼泊尔首都加德满都所在的加德满都谷地位于喜马拉雅山南麓。相传，这里原是一个大湖，中国的文殊菩萨来到此地朝拜佛祖，见到湖中一朵莲花盛放，散发出五彩的光芒，便以剑劈山，泻出湖水，使之变成丰饶的谷地，人们开始聚居于此。为了感激文殊菩萨的恩德，人们在斯瓦扬布山上修建了一座文殊菩萨庙，至今香火不断。

据史书记载，加德满都城始建于公元 732 年，原名"康提普尔"，意思是"美丽之城"。12 世纪，有人用一棵独木建造了一座三层塔庙，这是尼泊尔最古老的木雕杰作之一。后来以此庙为中心发展成城市，更名为"加德满都"，意思是"独木庙"。加德满都谷地气候宜人，土地肥沃，地理位置独特，地处中国与印度两大世界文明古国之间，印度教、佛教等多种宗教汇聚于此，多元文化共冶一炉，孕育出尼泊尔文化、艺术、建筑等领域独特的融合之美。千百年来，这里一直是中国和印度的经济文化交流的中转站。

盛世明珠　璀璨夺目

尼泊尔以其独特的建筑和雕刻闻名于世。木雕是尼泊尔传统建筑艺术的重要组成部分，是尼泊尔的建筑瑰宝。这主要得益于尼泊尔历史上两个文化盛世，一个是李查维王朝，另一个就是马拉王朝。

李查维时期（4 ～ 8 世纪）是尼泊尔古典文化的第一个黄金时代。马拉王朝（12 ～ 18 世纪）是尼泊尔艺术、文化发展的鼎盛时期，被称为是尼泊尔古典文化的"文艺复兴"。尼泊尔人现在使用的文字就是在马拉王朝时期统一的。

马拉王朝"三国"时期三个王国的都城——加德满都、帕坦和巴德岗，现在分别被喻为"寺庙之城"、"艺术之城"和"露天博物馆"，是马拉王朝文化艺术兴盛的历史见证。三个王

孔雀花窗

国都出现过热爱艺术、治国有方的国王，他们对本国的王宫和寺庙建设不遗余力。这个时期的建筑和雕刻工艺以精巧和繁复为特征，取代了李查维时期简洁探索的风格。

　　巴德岗位于加德满都以东 12 公里，始建于公元 389 年。它又名"巴克塔普尔"，梵文的意思为"朝圣者之城"。13 世纪时，强大的马拉王朝在这里定都，这里一直是尼泊尔的政治文化中心，被称为中世纪尼泊尔艺术和建筑的发源地。

　　从 14 世纪到 16 世纪，巴德岗是加德满都谷地三个马拉王国中最强大的一个。在全盛时期，这里曾经有众多座神庙和寺院。装点这些庙宇楼廊的，就是令人叫绝、举世无双的木雕。门楣、窗户、檐廊、廊柱、神佛、器皿……木雕有如神灵，无处不在，到处绽放着它特有的光彩。尼泊尔的木雕全为手工操作，并以家族为单位，世代相传。

　　尼泊尔木雕花窗的内容设计极其丰富，有的和人类的繁衍有关，强调生命的延续，诸如盛开的莲花以及罐子等等；更多精美复杂的花窗上，塑造了诸神的美丽形象和他们的神奇故事，宗教色彩非常浓郁；还有些图案是为了保护建筑物免遭自然灾害的破坏，寓意辟邪。

　　孔雀花窗是尼泊尔木雕艺术的经典之作，它镶嵌在古王宫旁小巷里的布加利寺红色外墙上，原是巴德岗最著名的一位教徒的住所。这扇 15 世纪的木雕窗户，正中是一只开屏的美丽孔雀，仿佛从窗中呼之欲出，圆润的身体上翎毛清晰丰满，孔雀展开的每一根羽毛之间的缝隙正好是窗户的采光来源；而窗框有如编织复杂的麻绳，拧出漂亮的花纹，雕刻精美，构图奇妙。红色墙体上还有其他款式的孔雀窗，同样精雕细琢，除了装饰和采光外，更便于里面的人对外界的观察。在光线的作用下，外面的人无法看到里面的状况，而窗内的人却可以把外面的情景看得一清二楚。历经数百年风雨沧桑，它依然容颜未改，成为尼泊尔艺术的标志性图形。

孔雀一身彩虹般的色彩和精致美丽的羽毛，使它在很多文化中具有重大意义。在基督教中，孔雀代表重生和永恒，因为它能够更新羽毛，而羽毛上的"百眼"代表无所不见的教会。在印度教中，梵天之妻智慧女神萨拉斯瓦蒂，司音乐和诗歌，有 4 只手臂，她的坐驾就是一只孔雀。湿婆之子战神卡尔提凯亚，其坐骑也是一只孔雀。印度教壁画中的孔雀通常踩着一只蛇，象征时间的循环。印度佛教中，孔雀和佛有很深的渊源。其一，孔雀是古印度摩揭陀部落所尊奉的天神，称为孔雀王神。后来在阿育王大兴佛法时，孔雀神升格为整个佛教的守护神，并在佛教传播的过程中和孔雀王的形象混合，称为孔雀明王。其二，孔雀和佛陀本身有关联，《佛说孔雀经第五十一》有"佛告诸比丘：欲知尔时孔雀者，我身是也"。于是，以孔雀明王为本尊进行修持的方法，成为佛教宗派之密教最重要的修持方法。

马拉王朝历代国王主要尊崇印度教，相信一切都是神赐予的。三国为了争夺神的宠爱，虽然相互敌对，却很少兵戎相见。他们敌对的方式，就是比赛修建宫殿和寺庙，借以示威和炫耀。马拉王朝的"三国"时期，木雕艺术水平达到极致，其繁复壮丽让人叹为观止。

巴德岗王国的布帕亭德阳拉 · 马拉国王修建的著名的 55 扇窗宫殿，就具有卓越的艺术价值，是尼泊尔木雕工艺的又一杰出典范。

55 窗宫，顾名思义，是以拥有 55 扇黑漆檀香木雕花窗的王宫而得名。它是马拉王朝的王宫，即巴德岗的故宫，建于 1427 年，是一座四层砖木结构的宫殿，飞檐下雕工精细的五十五窗一体相连，红墙黑窗，壮观美丽。每一扇窗都镶嵌着红玉、孔雀石、琥珀等不同色彩的宝石，雕刻图案也各有不同，既古色古香，又典雅华贵。据说开向宫中庭院的那一扇窗就是出自马拉国王的亲手雕刻。至于为什么要有 55 扇窗户，一种说法，是宫殿修建那年，国王正好 55 岁。另一种说法，是他有 55 个妃子。每天傍晚，这些精心装扮的妃子们都要在自己的窗户前展露姣好面容，等待着国王的宠幸。王宫由金门而入，可见昔日王朝的权重和高贵，又可见木雕在尼泊尔艺术殿堂中特殊显要的地位。

尼泊尔木雕的起源已无从考究，只知从 12 世纪起，除了在寺院、庙宇和宫殿中使用木雕，普通的民宅也大量使用木雕。尼泊尔建筑的一大特点就是，在整个结构中没有用钉子。很早以前，尼泊尔工匠就根据古文献上记载的严谨规范来进行木料的加工和雕刻。

萨尔树（也叫娑罗双树）是尼泊尔一种很神奇的树。从 12 世纪起，加德满都庙宇中的木雕就开始使用萨尔树为原料了。该树原生于印度，佛祖释迦牟尼弘扬佛法和涅槃均与此树有关，被称为佛门圣树，许多寺庙都植有此树。这种水生树种广泛成长在平原地区，木质十分坚硬，不仅易于雕刻而且作品适合长期保存，因此深得能工巧匠的青睐。

记得一位法国旅行家说过这样一句话：假如整个尼泊尔都不存在了，但只要还有巴德岗，就值得你飞越半个地球去看它。

海纳百川　独领风骚

尼泊尔人民能够拥有如此辉煌灿烂的古代文化艺术，在建筑、雕刻、绘画等领域创造并遗留下如此丰富多彩的宝贵遗产，不得不铭记世世代代都居住在加德满都谷地的原住民——身怀绝技的尼瓦尔人。

据记载，尼瓦尔人在谷地的活动至少可追溯到三千年前。尼瓦尔人以其宗教文化和世界级艺术而闻名世界。由尼瓦尔人建造的七处古迹已被列入世界文化遗产，七处古迹全部位于加德满都谷地 15 公里范围内，其密度之高，举世无双。加德满都谷地五千多座寺庙，也全部由他们建造。

在马拉王朝的建筑攀比竞赛中，尼瓦尔人充分发挥了自己的天才智慧，他们用勤劳的双手为"文艺复兴"立下了汗马功劳。与尼泊尔其他民族相比，尼瓦尔人主要特点是精明能干，擅长经商，精通建筑、雕刻、绘画与金属工艺。同时，借助尼瓦尔商人和艺匠的对外交流，印度、中国西藏和内地、蒙古、中亚、缅甸等周边地区的文化源源流入加德满都谷地这个大熔炉，融合成一种新的、完全具有本地风格的文化。

这一时期木雕的艺术风格以宗教象征主义为主，其中既包括印度教，也包括佛教的题材。这些宗教题材的艺术作品装饰着寺庙、宗教庭院、宫廷和有钱人的住宅，歌颂神和已成为"神"的国王的美德和善行。在马拉王朝统治的数个世纪中，尼瓦尔工匠用他们创造的各种奇迹装饰了几乎每座寺庙和重要建筑。

马拉王朝美轮美奂的建筑和雕刻艺术是尼泊尔传统文化的象征。抚今追昔，国际友谊博物馆所藏这些古韵犹存的花窗，不仅承载着尼泊尔人民的美好情意，还折射出他们独特的艺术天赋和审美意趣，与其浓郁的宗教色彩、淳朴的民风民俗和丰富的人文情怀息息相关，水乳交融，散发着古老文化的无穷魅力，直到今天，以至永远！

中国政府赠联合国象牙雕 "成昆铁路"

金 山

联合国曾在 1984 年 12 月 8 日评选出了其总部所收藏的、由成员国赠送的象征人类征服大自然的三件礼物：来自中国的象牙雕刻艺术品 "成昆铁路"、来自美国的阿波罗宇宙飞船带回来的月球岩石、来自苏联的第一颗人造卫星模型。它们分别代表了人类在 20 世纪中期创造的三项最伟大的杰作。

象牙雕 "成昆铁路" 是 1974 年 10 月由中国政府赠给联合国的礼品。中国政府为什么要在这时向联合国赠送礼品呢？

众所周知，中国是联合国的创始会员国之一。1949 年 10 月中华人民共和国成立，以蒋介石为首的国民党集团退出大陆，避居台湾岛。这样，中国在联合国的合法权利，理所当然应属于中华人民共和国，而不再是在台湾的 "中华民国"。然而，这个顺理成章的事，却遭到了美国等少数西方国家的阻挠和反对。他们多年来操纵联合国大会，破坏新中国政府恢复

象牙雕 "成昆铁路"

在联合国合法席位的努力，阻止联合国内主持正义的国家所提出的"驱逐台湾国民党集团代表，恢复新中国合法权利"提案。这种情况直到 20 世纪 60 年代后期国际形势发生重大变化时才开始转变。在这之前，中国因长期致力于支持亚非拉地区的民族解放和独立运动而在这些地区的新独立国家中享有崇高的威望。这些新独立国家为恢复中国在联合国的合法席位也做了大量而有益的工作。

到了 70 年代初，中国恢复在联合国合法席位的时机已经完全成熟了。1971 年 10 月 25 日，第 26 届联合国大会以压倒性多数通过阿尔巴尼亚和阿尔及利亚等 23 国的提案，决定立即恢复中华人民共和国在联合国的合法席位，并把台湾当局的代表从联合国及其附属的一切机构中驱逐出去。这场惊心动魄的表决宣告了美国等少数西方国家长期以来在联合国为保持台湾当局的非法席位所做的种种努力的失败，也是新中国在 20 世纪 70 年代初期所取得的一项重大外交成就。

10 月 26 日，联合国秘书长吴丹致信中国政府总理周恩来和外交部长姬鹏飞，指出："联合国大会忆及宪章之宗旨，考虑到恢复中华人民共和国合法权利无论对维护联合国宪章还是基于宪章所必须从事的联合国事业都是必不可少的，特承认中华人民共和国政府的代表为中国在联合国的唯一合法代表。"他正式通知中国领导人：联合国大会已经通过关于恢复中华人民共和国在联合国的一切合法权利，并立即把台湾当局的代表从联合国及其一切机构驱逐出去的 2758 号决议案。

按照当时联合国成员国要向联合国赠送礼品的惯例，也为了向世界展示中国悠久的传统文化，外交部和轻工业部联合向国务院递交《关于向联合国赠送礼品试制问题的请示》，提出准备向联合国赠送礼品两件，一件是"成昆铁路"象牙雕刻，一件是"长城"壁毯。国务院很快批准了这份报告，并把制作象牙雕"成昆铁路"的任务交给了北京工艺美术厂。

之所以选中成昆铁路为雕塑原型，是因为其修建难度之高在人类铁路修建历史上是罕见的。

新中国成立后不久，为加速西南地区经济的发展，加强民族团结和巩固国防，党和国家领导人决定修建成都到昆明的铁路。1952 年下半年，成昆铁路前期勘察工作正式开始。1958 年 7 月，成昆铁路正式开工修建，并先从北段开始。不久，由于中国面临三年自然灾害及其他原因，成昆铁路工程逐渐搁置下来。1964 年，中国所面临的国内外环境发生重大变化。从国内方面讲，国民经济开始恢复，国力有所增强；从国际方面讲，中苏、中印关系恶化，美国全面介入越南战争，中国国家安全面临严峻的局面。在这种情况下，加快内地经济发展，防止大规模战争突然爆发造成对中国国民经济的冲击就成为中共中央考虑的一个重点。当时，中共中央主席毛泽东指出："成昆铁路要快修！"他对赴任西南三线铁路建设副总指挥的彭德怀说："铁路修不好，我睡不好觉。没有钱，把我的工资、稿费拿出来；没有路，骑毛驴去，一定要把成昆铁路打通。"听说修路人员紧缺，周恩来批示："修成昆铁路，朱委员长提议，主席同意，使用铁道兵。"在中央军委统一调派下，中国人民解放军铁道兵5个师共18万名官兵奔赴大西南，参加修建成昆铁路的大决战，并统一由西南铁路建设工地指挥部领导。据统计，前后参加修建铁路的各类人员达40余万。经过艰苦卓绝的奋战，1970年7月1日，历时12年的成昆铁路工程终于完工，全线通车。

成昆铁路连接四川省会成都和云南省会昆明，全长1100公里，是中国内陆通往西南边陲的国家一级铁路干线。成昆铁路工程十分艰巨，其沿线素有"地质博物馆"之称，被当时援华的苏联专家断定为"筑路禁区"。铁路由海拔500米左右的川西平原，逆大渡河、牛日河而上，穿越海拔2280米的沙木拉达隧道后，沿孙水河、安宁河、雅砻江，下至海拔1000米左右的金沙江河谷，再溯龙川江上行至海拔1900米左右的滇中高原。全线有700多公里穿过川西南和滇北山地，地形极为复杂，谷深坡陡，河流峡谷两岸分布着数百米高的陡岩峭壁。由于地质新构造运动的影响，全线有500多公里位于地震烈度7至9度地区，其中通过8度和9度地震区长度有200公里。铁路沿线不良地质现象不仅种类繁多，如滑坡、危岩落石、泥石流、山体错落、岩溶、有害气体、软土、粉砂等等，而且数量很大。但修路大军逐一克服这些令人难以想象的困难，在全线修建各种桥梁991座，总延长92.7公里，占线路长度的8.5%；隧道427座，总延长341公里，占线路长度的31.5%；桥梁、隧道总延长达433.7公里，占线路长度的40%。在桥隧密集的一些地段，桥隧长度竟占线路长度的80%以上。全线土石方9687万立方米；挡土墙和路基加固工程163.4万立方米。由于工程过于艰险，修建成昆铁路平均每公里就有两名建设者牺牲。成昆铁路是一条高标准、高质量的山区铁路干线，在牵引动力、通信信号、线路上部建筑、桥隧土石方各项工程快速施工等四个方面取得了突破性进展，有18项新技术达到或超过当时的国际先进水平，使我国的铁路修建水平上了一个新台阶。成昆铁路是新中国举世闻名的经典工程和中国铁路建设的一座重要里程碑，1985年荣获中国首届国家科技进步奖特等奖。

这件礼品的设计制作由著名牙雕工艺师杨士惠、杨士忠、王树文等人负责，历时两年多，前后共有90多人参与。为了使工艺师深入了解制作原型，铁道部曾开了一趟专列带着雕刻家沿着成昆铁路走了一圈，用于采风。礼品采用凿、铲、雕、刻、磨等多种工艺，生动形象地再现了成昆铁路及其所经过地区雄奇险要的地貌，其中山峰、河流、桥梁、隧道、火车、船只、树木、电线塔、路灯，乃至欢庆的人物等无不栩栩如生，堪称一件象牙雕刻精品。

埃及、希腊文化遗产之旅随行札记

戚学慧

2008 年 4 月，笔者作为国家文物局埃及、希腊文化遗产考察团的一员，从北京出发，随团路经土耳其，对埃及和希腊的文化遗产进行参观和学习。在此次活动圆满结束后，我将行程中所做的笔记加以整理，选取了其中颇具代表性的一些地区和景观，作一个归整和浅显的总结，并在我个人观点的基础上，尝试对埃及和希腊文明的具体概念加以描述。愿借本文，为博物馆的同仁们研究国家外交礼品（简称国礼）提供一些背景资料。希望可以使读者从中获得一些有用的知识，也希望启发更多人关注世界文化遗产，走近我们的"国礼"。

一

埃及具有悠久历史和古老文化，是世界四大文明古国之一，1956 年与我国建立外交关系，是首个与新中国建交的阿拉伯国家。埃及地跨亚、非两洲，大部分位于非洲东北部。尼罗河是埃及万物的生命线，它造就了埃及的地理，大小城市和绿洲沿尼罗河蔓延开来，东西外侧被广阔的沙漠包围。

考察团一行到达埃及首都开罗已是深夜，气候舒适，却不知道到了白天地面温度会达到50 度以上。我们的住处位于开罗市郊，早上推开窗向外看，阳光炙热，只见广袤无垠的沙漠与土黄色的房屋连成一片，闻名世界的撒哈拉沙漠就在眼前……

开罗城市古旧，四处遍布未完工的建筑物，楼宇顶端露出钢筋或红砖水泥。因为埃及有楼宇建成后缴税的规定，于是房地产商为逃避税款，故意留下尾巴工程，其实建筑内部早已开始使用了。我们不知道埃及政府为何一直不修改法律，或许金字塔已足够辉煌，让人无暇顾及其他了吧。

古埃及人认为凡人的生命是

很容易流失的，而永恒的生命只有在死后才能出现，所以他们用木材、泥砖建造房屋和店铺，却用坚固耐久的石头建造坟墓，保护法老的身体，以便他在来世复活。从某种角度讲，他们的确创造了不朽。

位于开罗的胡夫金字塔，是距今四千多年前的埃及古王国时期法老胡夫建造的世界上最大的金字塔，墓内的木乃伊及财物已被盗掠，只空留一副石棺，但它是一座伟大的历史建筑，是"世界古代七大奇迹"之一。在它建成后近五千年的漫长岁月里，没有哪座建筑能与它 146 米的高度匹敌，至今它依然是世界上最高的石头建筑。它所带来的时空震撼，像是穿越光年，带领现代人推开古埃及文明之门的惊鸿一瞥。

胡夫的儿子哈夫拉建造了第二座金字塔，矗立在胡夫金字塔附近，而他更以斯芬克斯的缔造者闻名于世。狮身人面像目光开阔而警觉，它的面孔是头戴皇家头饰的法老脸，头戴皇冠，前额有圣蛇浮雕，下颚有长须，脖子还有项圈。斯芬克斯曾被沙土掩埋了几百年，后来又奇迹般地重新露出了身体。皇冠、项圈已经不见踪影，鼻部也已缺损了一大块。圣蛇浮雕于 1818 年被英籍意大利人卡菲里亚从雕像下掘出，献给了英国大不列颠博物馆。胡子脱落四分五裂，埃及博物馆存有两块，大不列颠博物馆存有一块（现已归还埃及）。哈夫拉的儿子门考乌拉建造了第三座金字塔，其大小还不及胡夫金字塔的一半。

古埃及人崇拜太阳，他们相信掌管太空与天堂的女神娜特每天晚上都吞噬太阳一次，太阳沉入地狱，然后每天清晨娜特再重新给它生命，而古埃及的法老被认为是太阳神的化身，他的生命就像太阳一样，随日落消逝，待第二天日出再次获得重生。法老们把他们的金字塔建在沿尼罗河谷四面沙漠边缘的不同四点，据说那里是通往冥界之门的所在地，从那出发，乘上船或大鸟到太阳打个来回就会复活。金字塔东西向的倾斜度符合太阳每天升起的角度，倾斜的表面从顶点向下辐射，就像光束从太阳本身辐射下来一样。可以说，金字塔至今仍旧是根植于埃及土壤上的对灵魂不死和太阳的崇拜仪式的一部分。金字塔很神秘，但你从它就是古埃及法老为复活而修的坟墓去理解就再现实不过了。

离开开罗后，我们乘火车到达阿斯旺。阿斯旺是埃及与非洲其他国家进行贸易的重要城市，也是通往苏丹的门户。市内保留大量寺庙和陵墓，藏有本省历史文物的埃莱方丁博物馆以及两座著名的阿斯旺大坝。阿斯旺水坝于 1960 年开始兴建，花费 12 年时间完工，其用掉的花岗岩石块是胡夫金字塔的四倍。建成后，在上游形成一个大湖，增大了上游的灌溉面积。通过调节水闸，可以控制下游地区的水量，减少了洪水泛滥。大坝巨大的发电能力也缓解了埃及电力紧张的状况。不过，大坝也带来一系列生态环境问题，而更重要的是，原本在此地的重要历史文物遗址，也不得不接受移址重建的命运。

位于阿斯旺的菲莱神殿，原建在阿斯旺城南尼罗河中的菲莱岛上，供奉的是爱神 ISIS，以石雕及石壁浮雕上的神话故事闻名于世，是保存古埃及最早宗教的地方。20 世纪 60 年代在菲莱岛南面筑起高坝后，神庙几乎全部被淹没。为了保护这些珍贵文物不受损毁，埃及政府将这组庙宇拆成 45000 多块石块和 100 多根石雕柱，在离菲莱岛约 1000 米处的阿吉勒基亚岛上，按照原样重建。

菲莱神殿的入口是两座梯形的塔门，相夹形成一个门庭，柱廊与主殿大门又构成一个不小的广场，砖墙上有不对称的浅浮雕，讲述宗教与神话故事。穿过有两尊狮子坐像的主门入口，即进入中庭。眼前又是两座梯形浮雕塔门，浮雕不仅有大型人像，还有密密麻麻的古埃及象形文字。大殿的柱式风格统一，为开花纸莎草式，在柱头位置雕有面朝四方的女神方柱头。大殿内的石刻精美，特别让人注意的是十字图案，它出现在大殿的若干个地方，各不相同，是典型的宗教图案。神殿的壁画也有其精妙之处——单色的浅浮雕极为传神地表现了女性的身体。在身体上半部分虽然与男性区别不大，而到脚踝处突然出现一道裙边，女性衣裙的柔软仅这一道曲线就全勾勒出来了。

在岛的南侧，即大殿后面，是专门摆放献给女神祭品的地方。岛上的植物郁郁葱葱，不

远处可看到菲莱神殿原址的位置还留有迁移时用的钢板柱桩。身后的菲莱神殿安然在新址上稳坐，毫无被搬迁过的痕迹。

现在的阿布·辛贝尔神庙是修建阿斯旺大坝时在原址上移 60 米的位置复原重建的，这项工程本身是一项奇迹。古埃及法老拉美西斯二世建造了这座大型岩窟神庙，距今已有 3300 年的历史。这座闻名于世的大神殿，全部雕凿在尼罗河西岸的悬崖峭壁上，高约 33 米，宽约 38 米，纵深约 65 米。神殿正面有 4 尊高达 20 米的拉美西斯二世的巨型坐像。雕像庞大厚重，体现出当时埃及扩展疆土、称雄于世的气势和法老至高无上的权威。拉美西斯二世在位 60 余年，他本人极喜兴土木建神庙，彰显其功德，从阿斯旺大坝的阿布·辛贝尔神庙到卢

克索的卡纳克神庙，到处都能看见他的神像。他的木乃伊现存于埃及博物馆。

进入神庙内可见四面的墙上和巨大的石柱上都刻有拉美西斯二世的全身像。走入里面的黑暗洞穴，会看见四尊雕像，依次是冥界之神、太阳神、拉美西斯二世和天空之神。在每年春分2月22日和秋分10月22日两天，阳光都会穿过三道门和60多米的走廊，依次照射到右边的三个雕像上长达20分钟之久，最左边的冥界之神则永远躲在黑暗里。埃及兴建大坝时，由于拉美西斯二世神殿的原址将被水淹没，于是将神殿切割，迁移到新址重组。在神殿新址，人们未能再测算出精准的天文物理角度，太阳照射时间延后了一日，而且照射角度也有所改变，阳光竟照到了在黑暗中沉睡千年的冥界之神身上。

离开阿斯旺，我们坐大巴车到达闻名于世的帝王谷所在城市——卢克索。卢克索同阿斯旺一样都是埃及的旅游城市，它是古埃及都城底比斯的遗址。古埃及帝国维持了1500多年，历代法老在底比斯兴建了无数的神庙、宫殿和陵墓。卢克索也因此有"宫殿之城"的美誉。尼罗河穿城而过，将其一分为二。由于古埃及人认为人的生命同太阳一样，自东方升起，西方落下，因而在河的东岸是壮丽的神庙和充满活力的居民区，河的西岸则是法老的陵寝。像是往生者登入彼岸，与生者隔河相望，形成两个世界的永恒循环。

帝王谷坐落于一片荒无人烟的石灰岩峡谷中，太阳把峡谷蒸成黄白色。帝王谷现有17所陵墓对外开放。陵墓的形制基本相同，坡度很陡的阶梯通道直通陵墓走廊，走廊通往墓前室，室内有数间墓穴，放木乃伊的花岗岩石棺停放在最后一间。法老们最初因为金字塔易于遭受盗墓者入侵，转而改为岩洞陵墓，修建在帝王谷。帝王谷中法老们的墓穴位彼此靠近，这并没有便于集中守护，反而给盗墓贼提供了方便，以至于后来的法老不得不一次又一次地改葬，而盗墓活动也随即持续了3000年。同时，帝王谷中岩石质地的复杂性也使得现在的文物保护工作面临重重问题。

经过几千年的岁月，昔日宏伟的殿堂庙宇都变成了残缺不全的废墟，帝王谷早已被彻底废弃成一片破败不堪的荒漠，但人们依然还是能够从中想象到它们当年的雄姿，它们是古埃及文明高度发展的见证。

卢克索是埃及的最后一站。离开卢克索后，我们返回开罗，在宁静而神秘的夜色中，离开埃及，飞往希腊。

二

　　希腊是西方文明的发源地，历史悠久，1972 年与我国建交。希腊位于欧洲南部，三面临海，国土的四分之三是山地，海岸线长达一万多公里，领土包括希腊本土、爱琴海和爱奥尼亚海中的诸多岛屿，因此地貌具有多样性，有连绵的山脉，广阔的平原和耀眼的沙滩。希腊以其悠久的历史和独特的地中海自然风光吸引着全世界的游客，旅游业已成为希腊经济的一大支柱。与古埃及对死亡的崇拜不同，希腊人常说自己"一世人过了二世人的生活"，他们很注重享受生活，认为要活在当下，在年轻健美时死去才能永远被记忆。

　　在经历了埃及几天的酷热之旅后，希腊初夏般的宜人气候，使人全身的神经都突然舒展，透彻的蓝色爱琴海和满城神话般的白色、红色房屋，让人忍不住怀疑，或许这真的是希腊众神居住的地方。

　　来到希腊的第一站就是奥林匹亚。沿着伯罗奔尼撒半岛海岸线行驶约 300 公里，就来到了位于半岛最西边的古希腊竞技发祥地——奥林匹亚。这里也是奥林匹克的发祥地，小镇不大，居民有三千多人，但却出奇的美。平时这里的人不多，夜晚很静，但每两年的迎圣火活动却使得小镇成为世界的中心。

　　奥林匹亚遗址得名于希腊传说中诸神会聚的奥林匹斯山，为古希腊宗教圣地和举行奥林匹克运动会之处。自公元前 8 世纪起，奥林匹亚就成为希腊人供奉诸神之父宙斯的最重要圣地。奥林匹亚遗址是一个体育运动和宗教仪式的混合体，它东西长约 520 米，南北宽约 400 米，中心是阿尔提斯神域，这里有运动员比赛、颁奖的地方，也是人们祈祷、祭祀的场所。神域内的主要建筑是宙斯神庙和赫拉神庙，此外还有圣院、宝物库、宾馆及行政用房等。从 18 世纪开始，一批又一批的学者接连不断地来到这里考察和寻找古代奥林匹克竞技会的遗迹。

　　奥林匹亚是奥林匹克运动的发源地。奥林匹克运动源于一种祭神的庆典活动。希腊神话传说中，古希腊的伊利斯国王想给自己的女儿伊波达弥亚挑选一个文武双全的驸马，但预言家告诉他：他将来会被自己的女婿杀死。于是他提出求婚者必须和自己比赛战车，而国王是最好的赛车能手，没有人能战胜他，比赛中，先后有 13 个青年丧生于国王的长矛之下。当时，在亚洲米纳，有一位名叫佩洛普斯的王子，他的父亲坦达洛斯把他剁成肉块，为神准备了一顿丰盛的宴席，测试神是否能识破他的诡计。当神识破了他的诡计后，就拒绝了他的宴会。宙斯让佩洛普斯复活，他的父亲被宣判有罪，受到永世惩罚。在这之后，佩洛普斯来到伊利斯，爱上了公主伊波达弥亚。他收买了国王的马夫，将国王战车的轴销换成了蜡。比赛中，国王的马车车轮飞脱出去，国王坠地而死。佩洛普斯如愿以偿娶了伊波达弥亚，并当上了国王。为了庆祝胜利，佩洛普斯祭祀神灵，在祭祀仪式上举行盛大的竞技会，比赛跑步和赛马车，这便是奥运会的前身。

　　奥林匹亚遗址位于伯罗奔尼撒半岛的山谷里，阿尔菲奥斯河和克拉狄奥斯河环绕着这片古迹，在无声地流淌。据说 2007 年奥林匹亚遭遇大火时，正是这两条河水，阻断了火势向遗址的延伸发展。在奥林匹亚古迹的外面，还可以看到被烧毁的黑乎乎的山林，令人触目惊心。跨过克拉狄奥斯河上的石桥即进入遗址保护区，迎面葱绿青翠的树林掩映着无数石灰石、大理石的建筑遗骸。人们略加整顿，使我们得以辨认出近处的罗马时代的浴室、露天浴池、牧师寝所、无名英雄祭坛、贵宾馆以及宝藏室。

　　继续向前，就到了神庙区，三座主要庙宇分别是奉祀宙斯，以及他的妻子赫拉，他的母亲瑞亚。赫拉掌管妇女及婚嫁，而瑞亚则被称作诸神之母。赫拉神庙建于公元前 6 世纪，是希腊最早的神庙之一。其东面的赫拉圣坛，就是奥运圣火之源。届时，在身著古代祭司服的

少女环绕之下，一位女祭司持一面凹镜，将阳光聚焦点燃火炬。赫拉神庙中原本供着许多神像，包括宙斯和赫拉在内，如今只有赫拉的头部被保存在博物馆中。赫拉神庙之南为宙斯神庙。这座体现和谐对称的艺术杰作位居古代七大奇迹之首。今天所看到的，只是石阶之上的

64米宽28米长的平台以及柱廊残余。历史上运动员在赛前必须来到宙斯神庙，宣誓遵守规则，公平竞争。赛后用圣殿西边的野橄榄树枝和月桂树枝编成的花环给优胜者加冕。

尽管岁月不断侵蚀着奥林匹亚遗址，我们依然可以想象得到其往日的辉煌与灿烂，巨大的古老石柱静静伫立，像是在沉默中细数着历史。陈列在奥林匹亚博物馆的神像，如今看来还是那么沉静美好，古希腊人的神韵依然栩栩如生。

如今，希腊式风格的建筑和融汇了希腊审美理念的雕塑，已在世界各地的大城市中随处可见，然而在希腊本土，这些古久的神庙，由于岁月和战火，已经是断壁残垣。整个建筑斑驳暗黄，透露出远古的气息，凝重而伴有一丝苍凉，令人沉静却又内心震撼。希腊的博物馆也同样举世闻名，仅在雅典就有20多个，有些博物馆就设立在遗址旁边，展览着遗址的发掘品。在雅典的国家考古博物馆，为了让参观者近距离的观察，许多展品是直接暴露在展台之上，没有橱窗保护的。

在首都雅典，最受瞩目的地方莫过雅典卫城。它位于雅典市中心海拔150公尺的岩石上，是祭祀雅典守护神雅典娜的圣地。卫城，原意是奴隶主统治者的圣地，古代在此建有神庙，同时又是城市防卫要塞。公元前5世纪，雅典奴隶主民主政治时期，雅典卫城遂成为国家的宗教活动中心。每逢宗教节日或国家庆典，公民列队上山进行祭神活动。

卫城中崇拜雅典娜女神的帕特侬神庙，是古希腊艺术的最高典范。传说智慧女神雅典娜和海神波塞冬争当雅典的保护神，宙斯让他们各自拿出一份献给雅典人民的礼物，波塞冬用他的三叉戟敲打地面变出了一匹战马，而雅典娜则变出了一棵橄榄树，象征和平、富裕。雅典人因为渴望和平与繁荣，因此选择了雅典娜，而雅典城也因此得名。据说神庙中所有的墙壁都略有弧度，所有的巨大圆柱都微向内弯，这并没有使得整座的建筑让人感到沉重压抑，却给人以雄壮而轻巧之感。作为古希腊建筑的代表作，雅典卫城达到了古希腊圣地建筑群、庙宇、柱式和雕刻的最高水平，在建筑学史上具有重要地位。因此它不但是古文明遗迹，也是希腊历史、建筑、哲学思想的缩影，它代表的理性美，至今还影响着我们的生活。

希腊之行留给人很多思考。来到希腊之前，我们随处所见的希腊式建筑，是被精简的流于外表的空壳，而来到希腊的土地上，才能真正领悟希腊文化的本质。也只有在这片土地上，才能衬托出其物质文化遗产的壮丽美妙。正如我们在关于奥林匹克的神话中看到的那样，来源于古希腊多神论的希腊神话中充满了人类精神处于原始文明状态伴有血腥暴力与伦理混乱，而向更深层次思索，就会领悟，希腊神话所探讨的正是人类的本性，它所述说的是人类文明演变的航海图。希腊雕塑的美学，并不只热衷于柔弱的气质或张扬的美貌，它所体现的是理性。所有的雕像，无论是愤怒抑或欣喜，无论是在征战还是在庆祝，全部都是身体舒展，表情宁静肃穆，没有一丝微笑，而它们所散发出的理性与智慧的气质，也最终成为典范。也许正是希腊先人所流传下来的智慧，使得今天的希腊城市依然散发出一种理性平和的气息，在我离开这个国家的时候，仿佛依然可以听到城市缓慢闲适的呼吸。

　　这次出行给我感触很多，在感受了埃及与希腊的历史文化之后，我不禁联想到了中国的历史文化发展。中国也是一个伟大的文明古国，相比于埃及与希腊，中国的文明更完整，更久远。虽然在发展的进程中，历经风雨，但从未中断。而埃及被外族统治了2000余年，直到1952年才宣布独立。希腊也几经被占领，先后被古罗马帝国和奥斯曼土耳其帝国统治，文明脉络几经中断。

　　文明像海水一样，都是全人类的，就如同古埃及古希腊的陶器的体型图案色彩都有许多相通相似之处。各个地区文明，从各自发展，慢慢走向相互认同与融合。古希腊哲人柏拉图和古中国圣人孔子生活在时间相近的久远年代中，分别在西方和东方促进着文明的前进，他们素未谋面，但两人的许多观点却不谋而合。今天，文化的吸引，也使国家之间友好往来不断，我国与埃及、希腊建交以来，先后获赠并存于国际友谊博物馆的有埃及"国礼"212件，希腊"国礼"23件。不同地方的人们可能语言不通，但欣赏历史文物古迹带来的震撼和感动，却可以跨越民族和国家，产生共鸣，这也更让我们意识到文物保护的重要性。作为历史文明古国，我们应该珍惜爱护古今中外留下的历史遗产，使其代代相传，直到永远。

聚集与分享

——美国博物馆协会2009费城年会及博物馆见闻

张　瑛

2009年4月27日至5月4日，笔者代表国际友谊博物馆应邀参加了在美国宾夕法尼亚州费城举行的美国博物馆协会年会与博物馆博览会，并随中国代表团参观了美国几个著名的博物馆。

美国博物馆协会（American Association of Museums, 简称AAM）是一个颇具规模、运作良好、跨国际的社团组织，平时除了提供博物馆在经营管理方面的各种信息、训练课程、出版书品以及协调各种功能不同的委员会的组织运作外，每年所举办的年会更是积极扮演着提供博物馆会员资源、意见交流的角色。

美国博物馆协会自1906年5月成立以来，每年都要举办一次年会（American Association of Museum Annual Meeting）。协会第一次聚会时只有71名会员，今天拥有近两万会员。年会一般都在四月下旬到五月中旬之间召开，每年开会的地点不同（一年换一个城市），主题也不同。2009年年会在美国历史名城费城的会议中心举行，主题是"博物馆实验"，会期从4月30日至5月4日。期间，来自美国及世界各地的会员数千人，齐聚一堂，交换最新的信息与彼此的经验，并共同探讨最新的博物馆学议题，以期建立彼此的联系及寻求日后可能合作的机会。

在美国费城会议中心大厅报到的代表

年会期间除了举办各类讨论会（sessions），还有博物馆博览会(Museum Expo)。博览会由上百家来自博物馆事业发达国家的博物馆相关产业与组织、协会所组成，提供与会者经营博物馆的新信息。博览会有很多摊位，除了有博物馆相关的组织与协会招募会员外，还有展示设计与陈列、计算机软件、多媒体运用、展品运输、保险与包装、保存材料与硬设备、生态模拟、展示灯光与道具等，名目繁多，令人目不暇接。因为出国考察时间有限，中国代表团这次没有参加博览会活动。另外，年会期间每次都会请来几位在社会、公共文化、生态等方面有特殊成就和研究的非博物馆界人

参加欢迎晚会的中国代表团

士来演讲，演讲主题也都与博物馆领域有关。2009 费城年会中，美国博物馆协会特别邀请了 Walter Isaacson 和 Malcolm Gladwell 两位美国文化领域知名人士，分别在 5 月 1 日和 5 月 3 日做了"博物馆和艺术"的主旨发言。美国博物馆年会的讨论议题要求与年会主题相切题，但范围非常广泛。在美国博物馆协会的网站上，有关"博物馆试验"的解释是："博物馆实验是一个不断进行调整的过程。在费城，我们欢迎那些阐明我们博物馆的核心信念与价值的建议，以及他们保持与博物馆紧密关联、积极响应和真实性能力的建议。建议可涉及关于突破性观点、革新的尝试和战略等以下方面，但不仅仅限于此……"年会期间举行的博物馆各类专业的讨论会其性质不太同于我们国内严谨的学术研讨会，每个讨论会时间一般安排在 70 分钟之内，大部分议题都是博物馆从业人员在希望将新议题或实务经验与同行做交流与分享的前提下，自行向大会申请，经大会认可后统筹安排发言的。中国代表团此次参会没有发言任务，所以，在讨论会上我们主要是聆听美国博物馆同行们的新观点、新建议和一些工作经验。

大会允许博物馆、代表团或个人自行选择参加哪个内容的讨论会，但要事先预约。我们因为时间关系，仅参加了三场讨论会。其中一场是以"金融危机中美国博物馆的使命与运作"为议题展开讨论的，台上台下互动交流，气氛很是热烈。通过翻译，我们了解到，以商家资助经费来源为主的美国博物馆在金融危机中遇到了很大的困难，资金的短缺给美国博物馆界的藏品保护与展览交流、教育、经营等方面都造成了很大的影响，特别是与世界各国博物馆的合作项目也受到了冲击。如何克服这些困难、利用现有经费搞好工作是他们普遍关注、思考和探索的问题。还有一场是以"策展"为议题的工作早餐会。大家一边用餐一边听取美国博物馆界的知名策展人在台上演讲。会后，中国代表团全体成员分别发表感言，希望与美国博物馆界的同行们加强联络，建立合作关系，为促进中美博物馆事业的发展作出贡献。美国博物馆的一些负责人还当场与代表团成员互送名片和博物馆资料，表示愿意在展览和科研方面进行合作。另外，我们还参加了一场名为"如何提高博物馆公众影响力"的讨论会，中国

代表团和美国博物馆的代表共 30 余人聚集在一起，发表各自的意见。大家在聚集与交流中，分享到信息和经验。

在会议期间，美国博物馆协会还组织与会代表参加了两次别开生面的活动，一次是在费城儿童触摸博物馆里举行的欢迎晚会；还有一次是在费城 19 世纪的监狱遗址博物馆里举行的社交性冷餐招待会。

美国博物馆协会举办的欢迎晚会是为国外会议代表和美国的同行，包括国际博协美国国家委员会的成员创造见面的机会，地点就设在费城著名的儿童博物馆内，场面非常隆重。当我们走进博物馆前的广场时就已经感受到了热烈的气氛，博物馆门口的两侧站满了欢迎的人群，除了博物馆专业人员外还有一些志愿者。他们载歌载舞，用饱满的情绪感染着每个到会的代表。进入会场，灯火辉煌，乐队在尽情地演奏着，我们简直就像进入了一个如宫殿般的童话王国。

费城儿童博物馆全称叫费城儿童开心触摸博物馆（Philadelphia's child-oriented Please Touch Museum），从字面上我们不难看出，这里的展品都是可以触摸的。博物馆建筑庄严宏伟，从外观上看有些像纪念堂，似乎与儿童关联不大。刚开始我还有些不解，为什么美国政府把这么好的地方送给了孩子们？但听了介绍和参观后，我才了解到它的意义。原来，这是 1876 年费城世博会 15 个展馆之一，是为纪念美国成立 100 周年而修建的纪念堂。纪念堂采用的原材料全部都是耐火防水材料，建筑内部繁复的线条、壁画、雕塑和各种精致的装饰，显得恢弘华丽。费城儿童博物馆被公认为美国建筑艺术最杰出的代表作之一，世博会后这里曾作为费城艺术博物馆，自 2008 年始，这里成为费城儿童开心触摸博物馆的新址。馆内布置的小桌椅、房间、医院、超市、加油站等，与宏大空间产生了一种强烈的对比，想象着平时在这里四处奔跑尽情玩乐的孩童们，他们真是幸福！在国内，幼童们往往习惯于"别碰！""当心！"以及诸如此类的警告，但在这里，他们得到的却是鼓励，可以自由地去登爬，去触摸，去探索，去身体力行。超可爱的松果、榛子凳、小汽车、空中的朵朵白云，都体现了博物馆对孩子们的了解。这里的几乎每一件展品都向孩子们敞开，这里完全是一个游戏场似的动手博物馆，它针对培养儿童社会性来设计"展品"，让孩子们在众多的活动中，通过自我创造，自我发现，自我

学生们参观大都会博物馆

评价来进行自我教育，凡是孩子在社会生活中能够遇到的事物几乎都在里面。每一个场区不是以展览为主的表现方式，而是完全模拟现实生活，让孩子们亲自去参与操作。比如，博物馆里一些微型轿车，就停放在一座真正的油泵旁边。显然，汽车只是玩具而已，但可以让那些小司机们煞有介事地用油泵给汽车加油。在一间房屋里，还有为刚刚学步的孩子们设计的一座城堡，这里面有滑梯、隧道、爬梯和楼塔，孩子们走进去，就像进了迷宫一般。如此悠久并具备历史价值的建筑，舍得拿给孩子们来享用，这就是美国。与其仅作为供人参观的冷冰冰的纪念堂，不如充分利用它为公民为社会创造最大化价值，由此折射出美国社会的价值观和对公民权益的尊重与重视。"我听见就忘记了，我看见就记住了，我做了就理解了"，这句话主要说明了再教育过程中，行动胜于语言，主动胜于被动。孩子们是祖国的未来，而博物馆正是可以让他们认识世界、学会管理世界的启蒙地。

欢迎晚会是在体验儿童触摸乐趣的过程中进行的，大家一边感受、一边交流。我想，这大概就是美国博物馆协会把欢迎晚会安排在这里的"别有用意"吧。

在参加美国博物馆协会年会的交流会上，中国代表团成员们在发言中都谈到了美国博物馆管理方面的感慨，而我的发言则是对美国孩子们在这里享受免费教育、享受天堂般待遇的感慨。"一切为了孩子，为了孩子的一切。"这句话，我在美国感受很深。

欢迎晚会后，主办方为代表们安排的另一个特别的活动是参观费城著名的东部州立监狱，这里现在不但是一个历史博物馆，还是万圣节前的"夜鬼屋"。

当汽车把代表们带到费尔芒特大街一座堡垒式建筑面前时，如果不是翻译解说，我还真不敢相信，这个在一片红房绿树之间突兀而起的堡垒原来竟是一座监狱。灰褐色的高大石墙和塔楼在天空的映衬下显得十分凝重，石墙上爬满了青藤，透着历史的沧桑。当我们跟着讲解员穿过监狱那阴森潮湿的长廊，看到的是一间间黑暗的牢房，一张张生锈的铁床，还有一片片斑驳脱落的墙皮。

费城东部州立监狱建于 1829 年，这里曾经关押过美国大名鼎鼎的黑手党教父阿尔·卡彭 (Al Capone) 和银行抢劫犯威利·萨顿 (Willie Sutton)。说它有名不仅仅是因为这个，还因为据说世界上有 300 多座监狱都是以东部州监的格局为蓝本建成的。每间牢房里只关押一名犯人，实行隔离监禁，这样可以促使他们在静默中忏悔反省自己的罪行。据说这种设计对当时的监狱制度是一种革命性的改进，在此之前，西方的监狱大都是些肮脏拥挤，散发着恶臭的地牢和碉堡。而这里的牢房除了提供床、桌、凳外，还配备了冲水马桶等基本卫生设备。但是犯人每次进出牢房或放风时都要被戴上头罩，这样做的目的是为了杜绝犯人间的一切交流，防止恶行感染和相互串通。牢房内唯一被允许读的书籍是圣经。窗户不是开在墙壁上，而是在屋顶，美其名曰上帝的眼睛，大概是提醒犯人们上帝时刻在注视着他们。

尽管东部州监的设计是为了改善犯人的生活品质，但实际效果却并非如此。严格的隔离监禁让很多犯人神经崩溃，精神失常，这也是后来这座监狱在美国被废弃的原因之一。相对于野蛮的肉刑，貌似文明的隔离监禁是对人的一种精神折磨，虽说这种严格的独居制度是对犯人所犯罪行的一种惩罚，但其可怕性和残酷性远远超出了人的精神极限。难怪在此之后，便有大量传闻，说听到有人在牢房内走动或说话的声音、神秘怪异的噪音，冰冷阴暗的走廊还时不时传出哀号声。

在监狱为代表们演奏的三人乐队

牢房里破败的样子和令人不安的寂静会引发你对被关押其中的恐惧想象，让你肯定不想在那里久留。美国人大概想到了这一点，所以，在参观的过程中，他们特意在监狱通道处的角落里摆放了一些让人安神的食物，如切成小块的鸡丁、糖块、绿色的蔬菜、面包干儿和几瓶上好的葡萄酒。另外还特别邀请了一支三人组成的乐队来为代表们演奏。美国人和我们的思维方式确实有别，在这种地方听音乐、用餐和交流，在我们看来简直就是不可思议的做法，可美国人就是这么做了。

代表团还利用会议前后的时间，参观了联合国总部大厦、费城独立广场、美国纽约大都会艺术博物馆以及其他几个著名博物馆。由于时间有限，参观基本上就是走马观花，但即使是走马观花，也还是受益匪浅。

联合国总部大厦位于纽约曼哈顿东河沿岸，1953 年建成。大厦包括秘书处大楼、会议厅大楼、大会堂和图书馆 4 栋建筑。其中秘书处大楼位于中心，为联合国总部的核心建筑。它是一栋 39 层高的玻璃幕墙板式建筑，由包括我国建筑家梁思成在内的世界 10 位建筑师共同设计，由于其四四方方的长方体外形而被人们称为"火柴盒"。秘书处大楼一侧较低的长排建筑，由低至高形成一道弧线，这就是联合国总部的会议厅大楼，其内有各个规格的会议室。紧连会议厅大楼的是联合国大会堂，联合国成员国代表的表决会议都在此举行。

秘书处大楼前方排列着一百多根旗杆，上面飘扬着联合国各成员国的国旗，很漂亮。本想找到中国的国旗，可是时间太少了，没找到。只好在联合国大厦门前拍了张照片了事。在大楼周围，有一些雕塑，是各成员国送给联合国的礼物，内容大部分是以维护世界和平、拯救地球环境为题材。有三件作品给我留下很深的印象。一件是意大利送的铜雕"破裂的地球"。它是要几个人拉起手来才能抱住的金属球。从外观看球面金光闪闪，而球体却已四分五裂。

铜雕"破裂的地球"

从那宽阔的裂缝往里看，里面不是泥土，不是地心的熔岩，而像是一些机械装置。作品的主题已经清楚地告诉我们，这个美丽的地球，人类居住的家园，经过战争、天灾人祸的磨难，现在已经是伤痕累累、破碎不堪了。地球里面的这些装置，或许是战争，或许是灾害，或许是病毒，或许是一颗重磅定时炸弹……意大利艺术家用雕塑的语言为全世界人民写下了一部《警世通言》，它告诫地球上的人们：如果不把这些东西拆除，我们的地球就要彻底毁灭了！

另外一件礼品是卢森堡送的铜雕"不要暴力"。这是一把夸大的铜铸手枪，一米多长，安放在一块几米高的石头底座上，枪管像绳子一样被拧成一个结。铜雕"不要暴力"寄托着卢森堡人民的愿望，希望所有的枪管都结成死结，永远不再伤人。

还有一件礼品就是苏联政府赠送的青铜雕塑"铸剑为犁"。一个强壮的男子右手举着一把铁锤，正向左手握着的剑砸去。雕塑的底座上写着："我们将铸剑为犁"。作品反映了人类要求终结战争，把毁灭的武器变为创造的工具，以造福全人类的美好愿望。

可以看出，这三件作品都反映了一个共同的主题：维护和平、反对战争，保护人类赖以生存的环境。在我看来，它们不是普通的雕塑艺术品，它们和联合国总部大厦的建筑一样，所包含的意义已然超越雕塑和建筑本身。它们是信念之锚、希望之麦和仁慈之心的象征。正因为如此，这里每天才会吸引世界上那么多的旅游者前来参观。

进入大厦的一楼大厅，这里设有服务台，提供联合国的介绍，有 20 种语言可供选择。大厅的墙上挂着绣有联合国历届秘书长的织绣画、夏加尔的彩色玻璃画以及一些雕塑和徽章，参观者被允许与它们合影留念。马克·夏加尔是我喜欢的画家之一，他经常描绘母爱和争取和平的人。画面色彩明快、充满幻境。此外一楼大厅里面还有一个销售世

铜雕"不要暴力"

界各国旅游纪念品的商店。进入联合国总部的安检非常严格，需要事先约定时间，另外，每场参观人数不但有限，还规定 40 分钟内走完全程。我的时间不多，所以，进去后只参观了大会堂、安全理事会会议厅以及摆放在楼道和房间里的部分礼品。

从进入大会堂公共前厅开始，讲解员就引导我们参观了一个厅又一个廊道，那里一个接一个摆放着各会员国赠送的礼品，其中有很多艺术价值极高的珍贵礼品，如比利时和伊朗政府赠送的大型壁毯、泰国和马来西亚政府赠送的金佛塔、金嵌宝石盒以及美国政府赠送的诺曼·罗克韦尔镶嵌画等。中国政府赠送的大幅挂毯"万里长城"和象牙雕"成昆铁路"也在其中。象牙雕"成昆铁路"是 1974 年中国赠送给联合国的礼物，它被陈列在连接会议楼三层与联合国大会堂过道的展柜里。成昆铁路 1970 年通车，全长 1000 多公里，连结中国西南方的云南省和四川省。牙雕"成昆铁路"使用了 8 支象牙，据说 98 个工人用了两年多的时间才雕刻完成此件作品。其工艺的精湛程度令人赞叹，你甚至可以看到刻在火车里的细小人物脸上微笑的表情。

挂毯"万里长城"也是我国政府 1974 年赠送给联合国的礼物，现挂在安理会代表休息厅的墙面上。长城山峦起伏、气势恢宏，画面层次分明，色彩亮丽，有许多人在它前面照相留念。

"诺曼·罗克韦尔镶嵌画"是 1985 年联合国成立 40 周年时，由当时美国的第一夫人南西·里根夫人代表美国赠送给联合国的礼品。它是根据美国著名的艺术家诺曼·罗克韦尔的一幅名为"为人准则"的画制作的。罗克韦尔的画表达了为人准则是世界各大宗教的共同主题，不同种族、不同肤色的人都应遵守一个信念与尊严。镶嵌画里有一句题词："你想人家怎样待你，你也要怎样待人"。这句话我一直很喜欢。

在迅速浏览过这些珍贵的礼品后，解说员带我们来到了大会堂。大会堂是联合国最大的会议厅，可容纳 1800 多人入座。主席台后面的墙上挂有联合国的徽章，徽章中的地球和橄榄枝体现了联合国"维护世界和平与安全，促进发展"的核心宗旨。而两侧墙上的抽象壁画则更强调了这种氛围。据说这是法国艺术家费尔南德·莱格尔的作品，由一位不具名的捐赠者赠送给联合国总部的。因为联合国成员国代表的讨论和表决会议都在大会堂举行，因而此地也就成为联合国总部出镜率最高的地方，我们在电视上经常能看到它。

安理会会议厅是挪威赠送给联合国的礼物，共有 164 个公众席和 118 个记者席。《联合国宪章》赋予安全理事会维持国际和平与安全的重要责任，所以，安全理事会每年都要在这里举行两次会议。如果安理会主席认为必要，经大会、秘书长以及任何理事国的建议请求，也可随时召集会议。安理会会议厅中间墙上的那张巨幅油画是挪威艺术家佩尔·克罗格绘制的。画中有一只长生鸟从灰烬中再生，暗喻世界在第二次世界大战后的重建。画面人物生动、情节连贯，反映了人类创造美好未来的决心。

参观联合国总部大厦，感触很深。特别是看到那么多工艺精湛的国家礼品都在表现一个共同的主题"和平"，让人的心灵感到一种震撼。日本联合国协会1954年6月赠送给联合国的礼品——和平钟，用60个国家的儿童收集起来的硬币铸成，安放在一座柏木的典型日本神社式结构物中。每年的9月21日，联合国总部都要在这里举行敲钟仪式，纪念国际和平日。钟声提醒我们还有更多的事情要做。让我们每个人都承诺，在我们能发挥作用的地方做更多的事情，以实现持久的和平。

费城的独立广场是一个美丽开阔的地方。在她的周围，是至今被保存完好的18世纪的建筑群，那里有独立大厅、肯特博物馆、美国第二合众国银行……

从远处看，独立大厅就是一座普通的没有装饰的红砖楼房。这里原来是宾夕法尼亚州的议会大楼，现在费城老百姓都称之为"国会大厦"，《独立宣言》于1776年7月4日在这栋楼里起草并签署，1787年，美国宪法也是在这里起草的。在它的门口竖立着美国开国总统乔治·华盛顿（George Washington）的青铜雕像。独立大厅属于世界文化遗产。

我们参观了独立钟中心，那里陈列着曾经悬挂在"国会大厦"钟楼上的那口巨大的"自由钟"（又称"独立钟"）。自由钟的历史已有250多年，重900多公斤，由多种金属混合铸成。1751年由宾州州议会以100英镑的价格从英国订购。当年工艺水平显然有限，据说第二年大钟运到费城，试敲时就破裂了，一年后两个当地铸造工将其修补好。1835年庆祝华盛顿生日时，又被几个孩子敲出了一尺长的裂痕。十年后在同样的活动中，它被敲了几个小时，结果出现了我们现在看到的这条著名的锯齿状裂缝，而在事实上那并不是唯一的裂缝。

自由钟最早被放在独立厅后面的房子里，英国占领费城期间，被转移藏匿，后又被移回费城。其间又搬动过好几次。现在为了便于世界各国游客参观，又搬到这里的独立钟中心。听说每次搬迁，官方都要举行隆重活动。人们小心翼翼，生怕它"玉碎"。美国人对自由钟的珍惜程度，是我们很难想象的。

独立钟中心很不起眼，就是一个很普通的建筑。在入口处的红砖墙上，能看到一排不锈钢制作的大字：LIBERTY BELL CENTER（独立钟中心）。这里实际上就是一个专题展览厅。展览先是通过大量的图片、文字和一些实物详细地介绍了美国独立战争的历史和这口钟对美国独立战争的重要性，然后，引导参观者来到摆放自由钟的地方。观看独立钟的同时，我们还能透过明亮的玻璃看到远处的独立广场和周边的建筑以及那

参观自由钟的学生们

座著名的独立大厅。展厅里参观的人很多，我看到一些学生在老师和家长的带领下，争先恐后地与独立钟合影，大概是想证明自己是一名独立的美国人吧。

如今，这个有着一道长长裂缝的自由钟仍然是当年殖民地人民为独立自由而战斗的象征。每年的独立日，头一个敲响的是自由钟，接下来全美大小教堂钟声齐鸣，庆祝美利坚合众国的诞生。

对那些喜欢历史的美国人来说，费城的"独立厅"和"自由钟"永远是具有启迪心灵和增强爱国之心的精神源泉。

纽约大都会艺术博物馆（Metropolitan Museum of Art）是美国最大的综合博物馆。它坐落在纽约中央公园东侧的第5大道上，占地面积13万平方米。博物馆于1872年初建，后又多次扩建，所以整幢大楼凝聚着各个时期不同的建筑风格，是一座融罗马、古典和文艺复兴三种建筑风格为一体的3层建筑，看起来很壮观。

由于代表团参观的时间有限，所以，我们不能凭性浏览，只能是沿着博物馆提供的参观线路，迅速地感受一下这里的文化氛围罢了。这里的东西实在是太多了！大量的文物映入眼帘，令人眼花缭乱。我跟着参观的人群往前走，看到了很多以前从来没有看到过的珍贵文物和我非常喜欢的绘画作品。公元前15年的埃及典德尔神殿，被整体搬迁安放在博物馆展厅内。德加的"舞蹈教室"、雷诺阿的"钢琴旁的两少女"、埃尔·格利克的"当红衣主教的圣杰罗姆"等世界闻名的绘画作品，就那么毫无遮拦地展现在你的眼前。还有立在二楼亚洲展厅入口处的来自中国山西洪洞县广胜下寺的元代壁画"药师经变"。药师佛结跏趺坐于莲花座上，日光菩萨和月光菩萨胁侍两侧，周围有8大接引菩萨，12神将，各率7000药叉眷属，护佑各地受持药师佛名号众生。看到这些，你会感到一种激动，这么近距离地接触这些珍贵的文物真是一种享受！

纽约大都会艺术博物馆收藏广泛，从古埃及、两河流域考古文化遗存，到古希腊、罗马文明，以至欧洲各个时期的绘画流派作品，以及东亚、印度的古代艺术品，应有尽有，其中美国本土的艺术珍藏颇丰，从陈列方面就能看出这一点。博物馆内的陈列室共有248个，常年展出的展品，仅是博物馆总库存的一小部分。在参观中能感受到大都会艺术博物馆在陈列布局和内容上是多种多样的，陈列的艺术展品从古希腊、罗马史前文物到现在的新潮流艺术品，琳琅满目，丰富多彩。由于该馆内部设立一系列分馆，于是形成了"博物馆中的博物馆"，这是大都会艺术博物馆的首创和特点。各分馆都有自己的主题和特点，如埃及艺术、古希腊和罗马艺术、东方艺术、伊斯兰艺术、西欧艺术和美国艺术等展厅，从不同的角度反映了人类文明以及艺术的历史和风貌。

大都会博物馆陈列还有一大特点，就是按照区域、国家大范围整体的布展。有一句话叫财大气粗，在这里讲一点儿也不过分。博物馆的主办者不满足于单件展品的陈列，而是充分利用雄厚的财力，制造一些风格迥异的环境来让人怀古。如他们把整座的埃及典德尔神殿移置陈列在该馆内，这是在埃及以外世界上仅有的一座埃及古神殿，其中的建筑构件、雕塑等都是实物；依照中国苏州网师园里的"殿春簃"庭院建造的中国式庭院——"明轩"，有月亮门、曲廊，还有山石、竹木、花草和鱼池等，表现了中国古典园林的特色；还有按照时间和国别布置的英国、法国

大都会博物馆外景

和西班牙从 14 至 18 世纪的室内陈设。尽管都是一样的富丽堂皇，但法国式的画顶、英国式的壁炉和西班牙式的家具还是刻上了不同时代和不同民族的烙印，让人们在参观时能够看到不同国家文物的特征，感受到不同区域文化的氛围。

大都会艺术博物馆是个巨大的宝库，据说每年参观者约有五百万人次之多。在大都会艺术博物馆，有人看到的是展品本身蕴含的历史，有人从展品中欣赏它独一无二的艺术价值，还有人是为了心中的理想前去"朝圣"。我和代表团顺路来到这里，走马观花，是为了制定下次的参观计划，希望下一次我能够有更多的时间在这个文化艺术的殿堂里倘徉。

美国博物馆协会 2009 费城年会已经过去一年了，今天想起来还记忆犹新。联合国总部大厦、费城独立广场、大都会艺术博物馆，还有我参观过的美国博物馆，都给我留下了很深的印象。美国博物馆协会在规划大型活动的系统化和专业度方面的能力，以及美国博物馆的广泛、多样性和在国家与社会的重要地位让我们感到惊叹！我把这些见闻写下来，希望与大家共享。

东 瀛 之 旅

范小渊

2007 年夏季，我有幸以旅游者的身份踏上了日本国这片美丽的土地，参观了日本东京、横滨、京都、大阪等城市，慕名走访了浅草寺、富士山、西阵织和服会馆、世界文化遗产清水寺和大阪城等著名的风景区，它们给我留下了非常深刻的印象。

作为国际友谊博物馆藏品管理工作者，我对日本国赠送给中国老一代党和国家领导人的礼品具有一定的了解。1981 年，日本友人吉村先生将《雨中岚山》诗碑照片装配上精美的镜框作为国礼赠送给了邓小平同志（此件国礼现收藏于国际友谊博物馆）。

《雨中岚山》石刻诗碑

风景秀丽的"二重桥"

刻有周恩来总理《雨中岚山》的诗碑坐落于京都岚山半山腰上，诗碑是一块巨大的京都府特产鞍马石，上面刻的《雨中岚山》全诗由中日友好协会会长廖承志先生题写。周恩来年轻时曾经留学于日本，他多次游岚山并写下了《雨中岚山》的著名诗句。诗碑四周绿树环抱，山脚下大堰川静静流淌，至今还常有中国游客前来献花瞻仰，对为中日友好作出贡献的周恩来等老一辈革命家和友好人士寄托怀念和敬仰之情。

著名的"二重桥"是通往日本皇宫的两座弯月形拱桥，它是连接皇宫的特别通道。日本皇宫位于东京中心地区，护城河环绕着整个皇宫。皇宫分为皇居、外苑、东苑以及北之丸公园等几个区域。二重桥位于皇居正门前，因护城河水较深，而旧桥地势又较低，所以在桥上面又建造了一座钢铁桥，称之为"二重桥"。

浅草寺是东京都最古老的寺院，建于 628 年，寺内供奉观音菩萨塑像。该寺于 1945 年被盟军炸毁，现在我们看到的这些建筑是 1949 年重建的。由于浅草寺地处东京都的中心地带，所以香火极其旺盛。

海拔 3776 米的富士山位于东京近郊，是日本国的最高山峰，在日本奉它为"圣岳"、"不二山"。日本人普遍认为"登上富士山顶才是英雄"，与中国的"不到长城非好汉"相吻合。富士山自古以来一直是日本文学艺术家讴歌的主题，也是日本民族精神的象征。

位于神奈川县西南部的箱根是日本著名的温泉之乡和疗养胜地，享有"国立公园"之称。箱根的芦湖为天然火山湖，海拔 724 米，面积 7 平方千米，湖底最深处达 45 米，湖水清澈湛蓝。天气晴好时可看到终年积雪的富士山，被誉为箱根的奇景之一。

清水寺位于京都府郊外，是日本国宝级建筑，同时被列为世界文化遗产。清水寺建于 1633 年，是德川家康捐资兴建的。依山而建的清水寺坐落在半山腰上，正殿由 139 根巨木构成，整个结构完全是

浅草寺五重塔

美丽的富士山

世界文化遗产清水寺

西阵和服表演现场

宏伟的天守阁

银座三丁目街景

用木材建造，没有用一根铁钉。站在寺院的阳台上远望，可将京都府全景尽收眼底，所以又有"清水大舞台"之称。

"西阵织"是产自京都府西阵地区的日本和服的织锦面料，至今仍是专为日本皇家定做御用和服的场所，同时西阵织也作为日本国礼馈赠给其他国家元首和贵宾（国际友谊博物馆也收藏有西阵织的珍贵礼品）。西阵织会馆是展示介绍有关西阵织历史、手织机表演与展销和服的场所。和服是日本传统民族服装的称呼，又叫大和民族的服装和唐装，在日本也称之为"着物"。和服是仿照我国隋唐服式而改制的服装，穿法难，也很讲究，特别好的和服需花费1000万日元才能买到。

大阪城是日本第一名城，也是日本最大城堡。以天守阁为中心而建造的大阪城，总面积为107公顷。天守阁在1614年的战事中被烧毁，昭和6年重建。在当年火灾之中只有用巨石砌成的樱花门还屹立无恙，成为目前仅存的遗址，如今的大阪城已被日本国定为特别史迹。

银座是东京最高级的购物区，也是全世界物价最高的地方。建筑装潢奢华，每家橱窗设计之巧妙可以和纽约的第五大道相媲美。

法国文化遗产保护与利用的理念与实践

隋立新

　　巴黎是享誉世界的浪漫之都，也是名副其实的博物馆之都，众多各类博物馆犹如珍珠般散落于巴黎的大街小巷。一座座或大或小，或综合或专题的博物馆是那么精彩，那么独特，令人流连忘返。美丽的巴黎每天吸引着成千上万来自世界各地的游客，更令博物馆工作者心驰神往。2007 年 7 月 1 日至 14 日，笔者有幸参加了由国家文物局和法国国家遗产学院联合举办的"中国文物专家法国夏季学校培训班"。在短短两周的时间里，来自法国文化部的官员、国家文物督察员和博物馆专家向我们介绍了法国博物馆的发展概况，分别做了法国国家博物馆联盟的作用、收藏品清查和管理、藏品的预防性保存、对公众宣传的策略、民用与工业遗产的翻新与博物馆陈列展览等专题报告。此外，我们还实地观摩了法国博物馆研究与修复中心、法国遗产学院实验室、修复室和资料中心，参观了巴黎的卢浮宫博物馆、蓬皮杜文化中心、国家自然历史博物馆、奥塞博物馆、盖布朗利博物馆、塞努奇博物馆、音乐博物馆及勒瓦德煤矿博物馆、鲁贝工业与艺术博物馆等近 20 家博物馆。通过专家授课、与中外文博同行交流和实地参观博物馆等多种形式，极大地开阔了我的视野，使我对法国博物馆在文化遗产管理与保护、陈列展示、对公众宣传等方面的相关做法有了初步了解和感性认识。那些弥散着浓厚文化艺术气息的博物馆及精美的展品至今依然萦绕在我的脑际，令我回想与思考。现就法国培训学习及参观博物馆之浮光掠影，将对其的浅显印记呈现给各位同仁。

一、藏品保护与利用并举，重在预防性保护的理念与实践

　　法国的文化遗产是一个大的概念，包括可移动的收藏品和不可移动的建筑、遗址或自然景观。文化遗产是人们了解法兰西民族历史与文化的窗口，也是法国博物馆赖以存在和发展的物质基础，它的不可再生的特性使法国博物馆界自始至终将对其的保护放在第一位。与此同时，法国博物馆也更加积极地利用藏品，对于保护与利用之间的关系，他们倡导藏品保护与利用并举，重在预防性保护的理念。

　　如同预防疾病一样，预防性保护是对藏品进行主动性保护的行为，其作用一是可以减少藏品遭受损毁的危害，二是一旦发生危险可将损失控制在最低程度。博物馆藏品的预防性保护概念最早是 1930 年在罗马召开的关于艺术品保护国际研讨会上提出的，旨在不危及藏品真实性的前提下，对可能会出现的种种损坏藏品的情况进行科学的预测、研究、分析，通过研

橘园美术馆的展厅顶部天窗隔帘具有防紫外线作用。工作人员
在注重运用自然光线的同时，对文物采取了有效保护措施。

究的数据，制定科学的解决方法和采取必要的措施，防止藏品损坏或减缓其损坏速度。由此可见，预防性保护的目的以尊重藏品的真实性为前提，其着眼点是主动性、全面性与综合性。到了20世纪90年代，这一理念日趋成熟，逐渐为许多国家所采用。

对收藏品进行科学管理和保护是目前法国博物馆中一项非常重要的工作。20世纪50年代前，法国博物馆的收藏品被堆积存放于库房中，因保管不善，要时不时地对藏品进行修复。库房是藏品的集中存放地，但是仅将藏品放置在库房中并不意味着保护，周边环境的细微变化都将影响到对收藏品的保护。2000年，法国博物馆引进预防性保护理念，科学地对藏品进行保管，研究、改善、创造良好的文物保存环境，变被动性修复保护为主动性的保护行为，从源头上遏制或减缓对收藏品造成损坏的因素。

对藏品进行预防性保护首先是认识、研究藏品的质量与现状，这也是开展有针对性保护的前提。早在20世纪60年代，法国进行了一次历时数年，全国范围内的文化遗产大普查。通过普查，一方面，法国摸清了文化遗产家底，另一方面，又发现了一批国宝，从而使这些珍贵的遗产因得到及时保护而免遭破坏，由此，他们对文化遗产的价值观与保护观也发生了变化。2002年法国颁布了《博物馆法》，其中明确规定：藏品清点、核对每十年要进行一次，博物馆所有收藏品都要由清点专家或专员进行清点、登记，纳入收藏目录中。清点核查是全面掌握收藏品情况、了解收藏品现状的有效途径，明确了收藏品的制作材料、工艺、目前保存的条件、适当的保存条件等情况才能有的放矢地做好保护工作。其次，开展预防性保护工作还要研究藏品可能面临的各种风险。无论是静止状态下的库房保存、展厅展示，还是处于运动状态中的收藏品移动，法国的预防性保护原则是针对所有收藏品而言。法国各大博物馆的库房、修复室和展厅非常注重环境因素，通过设备调节和人工管理等手段，加强对温湿度、有害光线、气体、微生物等影响藏品质量的环境因素进行控制，同时根据不同藏品的形状和材质，制作适合藏品存放的囊匣或柜子，为藏品保存提供最佳条件。针对藏品可能面临的人为因素的损坏风险，从博物馆从业人员到参观的公众，他们将各种可能出现的情况一一研究分析，分别制定相应的对策。为避免或减少藏品在包装、运输中被损毁，他们不断实验、寻找适当的技术，针对藏品在包装运输中的薄弱环节制订工作方案，征求修复人员的意见，把藏品损毁的风险降到最低。再次，研究出现问题后的处理措施，这也是藏品预防性保护的重要组成部分。尽管对处于各种情况下的藏品预先采取了各种保护措施，但是，博物馆的特殊性和开放性使其不可避免地面临众多的风险，一旦出现问题，启动事先研究、制定的处理方案，可在最快的时间内将损失控制在最低程度。

在实际工作中，法国博物馆认真执行预防性保护的方针，并制定了各工作环节中相应的预防策略。培训期间，法国博物馆专家在收藏品管理、保存及展览策划等不同的专题报告中均重点提及预防性保护的理念及相关的作法，重视的程度由此可见一斑。

二、集研究性与实践性为一体的遗产保护修复理念与实践

法国的文化遗产保护工作卓有成效，这与他们注重研究性与实践性为一体的文化遗产保护修复理念密切相关。修复工作者既具有较强的实践操作能力又具备相应的科研水平，科学研究自始至终贯穿于修复工作中，避免了理论与实践脱节，从而提高了保护工作的水平与效率。

在开展工作前，法国修复人员首先要做的是了解该藏品的历史文化背景及其前人的研究成果，了解掌握这些知识不仅是开展修复工作的前提，还有可能在修复过程中对藏品进行重新审视，发现新的研究内容。之后，他们要查阅该藏品以往的修复档案及资料，掌握相关情况后再借助仪器设备，分析藏品的构成及现状，研究病害产生的原因及其危害性。在充分进行前期研究的基础上，编制针对藏品个体的、科学详细的修复方案后方进行修复。重视藏品修复档案的积累与管理是法国博物馆以及修复中心的工作传统，每件藏品修复后均有很详尽的档案资料备案，供后人参考、借鉴与研究。

为文化遗产保护工作培养并输送人才的法国教育机构，其办学指导思想和方针也是与这种理念相一致，将学校教育和职业工作有机地衔接，从而提高了法国整体修复工作质量和水平。例如，法国遗产学院是培养修复人才的高等学府与研究机构，在教学中他们十分注重学生理论研究水平与实践能力的同步提高与发展。在五年的学习期内，前四年是理论与实践相结合的课程学习，学生每学年都要在资深修复人员的

文物修复之前，要进行大量科学研究工作。

带领下进行三至六个月的实习，参与修复项目，边实践边研究各类文物材料及其质变的机理。实习的地点既可以在国内也可在国外，既可以在国家所属机构内也可在私人的工作室。在最后一学年，学生必须为公共机构修复一件藏品，同时还要针对这件藏品开展相关的课题研究，撰写毕业论文。在我们参观遗产学院修复部时，一位即将毕业的学生正在为里昂博物馆修复一件14世纪的铠甲，她介绍说：在修复前她们要开展相关的研究并进行多次实验，在为铠甲除锈时意外地发现了上面刻有以前所不知的伊斯兰文字，据此研究后，她对这件铠甲的历史、制作工艺及其主人都有了更进一步的了解，这对她的修复工作十分有帮助。理论研究与实践操作紧密结合的学校教育，为法国输送了优秀的修复专业人才，而不是研究人员不会修复，从事修复的人员不搞研究。

三、博物馆定位清晰，文化遗产有效利用的理念与实践

法国是中央集权国家，根据法国2002年颁布的《博物馆法》中有关规定，由文化部下属的博物馆局管理全法国的博物馆事业。目前，法国博物馆局直接掌管着33个国家级博物馆，其余的上千座博物馆分别由省、区的文化事务署管理。虽然博物馆的级别各不相同，有的是国家级，有的是大区级，有的是市级，也有的是具有协会地位或以法人形式进行管理，但是，在博物馆局的规划管理和指导帮助下，法国博物馆事业充满生机，形成全国范围的、立体化的博物馆发展体系。规模不等的博物馆或位于大都市中，或分布在较偏僻的地区，其类型涉及美术、工艺、历史、考古、自然、科学、工业等多个学科领域。

经过文物资源的有效整合，法国巴黎盖布朗利博物馆成为人们研究、了解欧洲之外人类文明的殿堂。

藏品是博物馆存在与发展的前提和基础，收藏品的特质和品质，以及是否具有一定的体系，决定了博物馆的发展方向与自身特色。法国博物馆十分注重谋求整体发展布局的系统性与多样性，发挥优势，挖掘潜力，合理有效利用藏品资源，使每个博物馆均呈现出不同的风貌。经过几次对博物馆收藏品或分离或合并的有效整合，以巴黎而言，全市几乎没有内容重复的博物馆。如在20世纪60年代末期，多数巴黎人提出卢浮宫的展览以古典艺术作品为主，蓬皮杜艺术中心的收藏以现代作品为主，但众多法国19世纪的油画、雕刻却没有一个专门的收藏、展示场所，因此向政府建议建立一所专门展示19世纪艺术品的美术馆。

1971 年，季斯卡成立奥赛博物馆，藏品自卢浮宫展品及库藏品转来一部分，印象派作品则由印象主义博物馆捐赠。1974 年，印象主义博物馆又将部分旧藏转到奥塞博物馆。这样，奥塞博物馆的收藏品范围从 1848 年巴黎二月革命起到第一次世界大战前的 1914 年为止，包括绘画、雕塑、海报、服饰配件在内的多种美术品，足以展现 19 世纪法国艺术的发展轨迹及成就。又如，于 2006 年 6 月落成的巴黎盖布朗利博物馆，是将巴黎人类博物馆、非洲和大洋洲博物馆两个馆的馆藏品整合在一起，主要展示亚洲、非洲、美洲、大洋洲有关人类生产、生活、宗教、艺术等方面用品的博物馆，为人们研究、了解欧洲以外的人类文明提供了良好的机会与便利的条件。

在注重谋求博物馆整体空间合理布局与平衡发展的同时，法国各个博物馆自身的定位及其发展方向是十分清晰明确的，具体到征集、管理和展览工作也是很明确的。例如，塞努奇博物馆是一家巴黎市属博物馆，19 世纪时意大利米兰人塞努奇曾收藏许多文物，其死后将自己在巴黎的居所及所收藏的西方艺术品和中国、日本、朝鲜等国的文物全部捐赠给法国，并成立了塞努奇博物馆。之后，博物馆对自己的定位不断进行调整，首先是将西方艺术品拍卖，确定了以收藏亚洲文物为主的收藏政策。1905 年，该馆馆长德西萨克认为所收藏的中国文物最为精彩，遂决定以收藏中国文物为主攻方向，于是又拍卖了馆藏的日本、朝鲜等文物，将资金专事中国文物的征集与收藏。目前，该馆已收藏中国新石器、商周、汉代、南北朝、唐宋、明清、近代等时期的众多文物，成为巴黎以收藏中国文物为特色的博物馆。

纵观巴黎的博物馆，给人感受最深的是博物馆布局合理，每馆均有明确的藏品收藏范围。正是由于定位清晰，征集方向明确，博物馆不仅能够集中有限的资金收藏最适合本馆发展所需要的藏品，而且可以集中人力、物力、财力做好藏品的保护与研究工作，据此组织特色鲜明的永久性陈列展览和丰富多彩的临时性陈列展览。终止收藏与本馆定位不相匹配的藏品，既节约了管理成本，又能将之充实到其他更适合的博物馆，这不仅能够充分地利用藏品，有效地发挥藏品应有的作用，更重要的是有利于在全市或全国范围内形成富有特色的、系统的、完整的博物馆收藏体系，也使得博物馆的收藏具有更高的学术价值。经过不断的发展与调整，经过长期的积累与充实，众多的巴黎乃至法国的博物馆各具魅力，形成一馆一格，百馆百貌的亮丽风景。她们不仅吸引着世界各地的人们，也成为法国公众学习知识，陶冶情操，启迪智慧的殿堂。

四、充分利用旧址对博物馆进行改造性再利用的理念与实践

历届法国政府都十分重视对公众文化设施的兴建，在博物馆、艺术馆的建设中，利用旧有建筑或工业遗址改扩成博物馆是其主要方式。这种作法，一方面物尽其用，节约了大量资金，另一方面也是实现文化遗产可持续发展的有效方式。文化遗产是文明的印记，保护好前人创造的优秀文化遗产，既是保存人类精神的记忆，也是对前人创造力的尊重。在博物馆建设发

展中，法国博物馆对旧址巧妙改造利用后不乏很多成功的范例，他们有的是利用旧址旧宅进行改建，有的是利用工业遗迹进行改建，其保护性的再利用，改建中的再创意，以及实用性与艺术性、装饰性的完美统一，无不给参观者留下深刻的印象。在我们所参观的近20座博物馆中仅有4座是近年来新建的，这与目前国内大规模兴建新博物馆形成强烈的反差。经过多年的实践，法国成功地改扩建了多家博物馆，此举不仅极大地促进了对文化遗产的有效保护，也成为法国吸引国内外游客的重要旅游文化资源，在国际博物馆界引起不同反响。据介绍，近期法国在建和拟建的99座博物馆中，绝大多数属于改扩建性质。

　　奥赛博物馆就是利用旧火车站改建成博物馆的优秀实例。奥塞火车站始建于1900年，1939年时因法国铁轨变宽后发挥不了应有的作用而被废置。20世纪60年代，政府计划将奥塞火车站拆除，幸亏当时另一个建筑物被毁后在法国引起轩然大波，奥塞火车站才得以被保存下来。1986年后，火车站改建成奥塞博物馆，原铁轨处被改装成分段式的结构，展出19世纪后半叶的雕刻作品，两侧是共有三层的展览室，按照时间顺序分别展示各个时期的绘画作品。在展

奥赛博物馆是利用旧火车站改建成博物馆的优秀范例。

览内容的安排上，奥塞博物馆将重点放在艺术间的关联性上，体现画家及画派之间的传承关系，不过分突出某个艺术大师的光芒。这样，观众在这栋有着火车站外观的19世纪建筑物里，徜徉于这一时期的雕塑及画作之间，从而唤起对整个19世纪艺术风貌的追忆与联想。

　　将旧有建筑或工业遗址辟为博物馆的另外一种模式是博物馆展示内容与原址功能用途相关，位于法国北加莱省勒瓦德镇的煤矿博物馆即属此种性质。建立在原矿井之上的勒瓦德煤矿博物馆占地8公顷，包括8000平方米的工业建筑和地表建筑。该煤矿自1931年开始煤炭开采，到了1971年，由于矿脉枯竭导致了煤炭开采的结束。作为这一地区煤炭工业记忆的储藏室，在法国文化部、北加莱矿业公司和当地团体的提议下，勒瓦德煤炭历史文化遗产中心于1982年成立，1984年，煤炭博物馆正式对外开放。为增添参观的趣味性，拉近参观者与煤矿的距离，增加切身的感受，博物馆发放给每个参观者一顶矿工帽，导游讲解由原来的矿工亲自担任。身着矿工服的导游在原矿工淋浴室接待游客，这里曾是上千名矿工换班和洗澡的地方，现在成为煤矿之旅的入口处，自此将观众带入曾经的矿井世界。之后，参观者乘坐

矿车到达二号矿井底部参观煤炭筛选场地，然后到达距地面 450 米的隧道深处参观 10 个煤炭开采点。从地下矿井出来后，参观者可以看到煤炭开采机器设备、机房以及矿渣堆和煤炭运输铁路等遗址，并参观主题展室，使参观者的煤矿世界探索之旅异常丰富多彩。改扩建后，该博物馆设施包括公众接待厅、咖啡厅、餐厅、商店、会议室、演播厅、文档中心、行政办公室和临时展览大厅等，是目前法国最重要的煤炭博物馆，也是北加莱地区参观人数最多的博物馆，2005 年接待了 15 万人次参观者。

在博物馆参观学习的儿童

　　无论是预防性保护，还是改造性再利用的文化遗产保护理念，法国博物馆一个个成功的实例使法兰西文明之脉得以延续，并焕发出新的生机。其丰富多彩的内容与形式不仅成为人类文明记忆的重要组成部分，更使得整个国家乃至一座城市因"昨天"的印记被很好地留存下来，"今天"才得以更加厚重与充实。

美国博物馆业概览

张和清

在当代国际博物馆界中，美国的博物馆无论在理论上，还是在实践上都比较有特色。由于曾在美国工作过一段时间，参观考察过一些博物馆，这里，笔者谈一谈对美国博物馆业的印象。

一、遍及各地，稳步发展

美国博物馆是一种有组织的、常设的、向公众开放的非盈利性机构，其宗旨是为教育、研究、美学和娱乐服务。美国大大小小的博物馆共有 8600 家之多，且种类丰富，几乎涉及社会生活的各个方面。绝大多数城市至少都有一个美术画廊和博物馆，许多博物馆因特色鲜明而闻名于世。例如芝加哥艺术博物馆是目前美国中西部历史最悠久、规模最大的艺术博物馆，也是将艺术品收藏、展出、教学功能结合在一起的大型综合性艺术机构。该馆设有包括亚洲部在内的 10 个藏品部，共拥有 30 万件艺术收藏品，从古代文物到当代艺术品，琳琅满目，非常丰富。馆内的印象派和后印象派艺术作品被公认为是除了欧洲大陆以外最为完备的收藏。该博物馆附设有一所艺术学院，其教学、研究力量雄厚，经常举办国际性学术研讨活动。学院的师生中很多是美国艺术界的精英。又如菲尔德自然历史博物馆兼具学术研究、收藏及教育功能，收藏有 2200 万件生物学、人类学藏品，附设的自然历史图书馆有 25 万册藏书。该馆在人类学、生物学、地质学、动物学方面的研究具有较高的学术水准，并与当地著名的大学和中国开展密切合作。此外，华盛顿的国家艺术博物馆，纽约的国立美术馆、大都会博物馆、现代美术博物馆，以及波士顿美术博物馆等在国内外影响都很大。这些博物馆中，综合历史类的博物馆约占 50%，艺术类约占 15%，自然科学类约占 15%，其他类约占 20%。在当代美国，新的博物馆在各地不断出现，一些现有的博物馆正在扩建或改建。2000 年，美国的博物馆有史以来第一次吸引了 10 亿以上的参观者。

繁荣发展的博物馆业在提供就业岗位和税收等方面对美国经济的贡献很大。1994 年，美国博物馆的年度总支出为 368 亿美元，全日制就业人数为 130 万人，总工资为 252 亿美元，城市收税 7.9 亿美元，州政府收税 12 亿美元，联邦政府收税 34 亿美元。博物馆和历史文化遗迹管理机构不断开辟新的创收途径并刺激经济活动。例如，美国博物馆营业总收入的 8% 来自纪念品商店和出版物出售。大型博物馆一般都经营商店、邮订目录和网站。纽约大都会博物馆目前的总营业收入超过 3 亿美元。因看好博物馆业的前景，一些大型软件和电子公司正在对世界各地的博物馆投资，美国博物馆在资金筹集方面也获得很大的成功。

二、管理机制和运作方式

在美国 8600 多座博物馆中，私立博物馆占多数，其收入来源于独立的非赢利性基金会、企业和个人。这些收入与博物馆的等级和品位相关，等级与品位越高，越易于获得各种收入。反之，收入来源越少。

大部分博物馆实行董事会制度，日常事务由馆长负责。基金会是美国博物馆的主要支撑，它用各种方式寻找社会资金，然后由基金会理事会监管基金的使用。例如，美国华盛顿的国家博物馆有一个庞大的体系，附属有 14 个分馆，其资金的 70% 来自政府拨款，其余 30% 由社会知名人士、企业和个人支持的基金会提供。各州和地方博物馆的资金则主要靠捐赠、赞助、会员制以及服务营利获得。

除了政府资助、企业赞助、个人捐赠等收入外，一些大博物馆举办的特别展览和巡回展览也会给它们带来不菲的收入。美国艺术博物馆每年至少举办 1200 个大型展览，这些展览规模大，通常展出名家的作品，如凡·高、德拉斯、马蒂斯等。也有的博物馆利用不同渠道引进一些平时很少有机会看到的外国展览以获得经济效益，如在芝加哥费尔德自然历史博物馆举办的"乾隆大帝"展在短短的 3 个月内共吸引观众多达 12 万人次，博物馆因此也赚取了较高的门票收入。

博物馆营销是必然的趋势。美国博物馆早在 20 世纪中期之后就已经开始了博物馆文化产业的发展之路，并已取得相当的经验与成效，为世界博物馆界所瞩目。例如，美国大都会博物馆将它的大厅租给公司、特定的个人及产品营销者，以获得不菲的收入。其商店的运营更是创造了奇迹，它不单在博物馆内有 5000 多平方米的营业厅，还在纽约的一些大商场和其他城市设置了销售点。据统计，该博物馆商店 1949 年全年营业额仅有 10 万美元，1972 年上升为 200 万美元，1987 年猛增到 5500 万美元，2002 年超 1 亿美元大关。大都会博物馆的商店已经从一个小纪念品中心，发展成为推动文化教育的主要延伸机构和重要的经费来源。在此背景下，有些博物馆的运作方式变得比较商业化。经济效益的提高和可支配收入的增长使许多守旧的博物馆馆长感到，这种商业化的运作对于博物馆也是行之有效的。

美国博物馆还非常重视新闻媒体的宣传作用，经常利用报纸、杂志、电视、广播、新闻发布、广告宣传等各种手段造势。美国博物馆在经营仿复制品、销售出版物、图录、从事休闲服务业等方面也都有很好的经验。

三、在公共文化生活中的教育功能及其实现方式

博物馆的公益性和非营利性是人类早有共识并被国际博物馆协会章程明文规定的。17 至

18 世纪，博物馆的起源在很大程度上是源于西方宫廷贵族的，以及教会的藏品向公众开放，这种开放的一个真正背景是平等主义。受此影响，美国很多大的博物馆都免费向公众开放，有的既使收门票，也非常低廉。当然，这也有一定的历史渊源。

在美国早期博物馆事业的发展中，当时的基金会和赞助人之所以愿意拿钱出来，一个很重要的原因是觉得它甚至有可能成为取代宗教的一个机构。博物馆在一个国家可以成为文化成就的象征，精神价值的象征。

因而，教育成为博物馆的重要任务。美国 88% 的博物馆为幼儿园至高中的学生提供教育项目，每年至少有 5000 万学生参加这个项目。博物馆每年用于学生教育项目的开支多达 1.93 亿美元，教育时间至少 400 万小时。70% 的博物馆专门有人负责教育项目。

许多博物馆不仅具有传统教育职能，而且现已成为多种娱乐活动的场所。例如，华盛顿的各大博物馆坚持为公众举办免费音乐会；国家艺术博物馆的花园每星期日晚 7 时举行免费音乐会，著名指挥家理查德·贝尔斯经常在这里指挥管弦乐队演奏；菲利普斯博物馆每星期日下午 5 时举办免费音乐会和朗诵会。美国的周末报纸常有博物馆及美术馆的文化活动专栏。地方刊物也可查到博物馆的活动安排及可供参观的展览项目。

博物馆教育功能的实现与网络在博物馆行业领域得到充分的利用有着直接的关系。许多博物馆充分利用网络优势，建立了网络博物馆和博物馆的网站，以扩大宣传和影响。

一般的网络博物馆分为两种，一种是通过互联网进入博物馆电脑系统，利用博物馆内部网络，取得想要的资讯或展示的内容。而另一种是完全利用电脑程序所设计出来的虚拟博物馆，因为它可以克服博物馆或个人的收藏无法在展示空间中展示的缺点，打破空间的障碍，达到展示的目的。

所谓博物馆网站是指利用互联网架设博物馆自己的网站，在上面提供博物馆相关的资讯，包括博物馆历史、环境介绍、展示活动说明等。公众可以在网站上自行搜寻所需要的资讯，或可通过 E-Mail 与博物馆联系及咨询问题。网上博物馆是科技发展对博物馆事业的极大支持，有着强大的生命力，它便于参观者及时了解到各个博物馆的知识与信息。网上介绍藏品的广告和展示信息也能吸引更多的游客到实地去参观，二者是相互促进的关系。

需要指出的是，美国政府在支持博物馆等文化事业的经济规划和政策方面起着重要作用。

联邦、州和市政府一直在积极创造一个促进美国文化繁荣、发展并对美国经济作出贡献的环境。按照法律，美国博物馆和图书馆学会是美国联邦政府的一个独立机构，领导、改革并支持博物馆和图书馆的工作，负责向政府申请预算并将其拨给博物馆和图书馆。国家为博物馆专门立法，把藏品、馆舍和展出作为基本条件。相对充足的资金来源为博物馆文化事业的发展提供了极为重要的条件，也成为确保和推进博物馆良性运行的重要保障。

联邦政府不仅给博物馆等非营利文化产业提供直接资助，还以税制、间接补贴等方式提供非常重要的财政支持。许多城市和州对博物馆、历史文化遗迹、公园的建设和维修提供资助，甚至给艺术家提供工作室和公寓补助。联邦政府还鼓励民众和企业捐助博物馆等社会非营利机构，并颁布相关法律保护捐赠者的利益，如减免所得税、遗产税等，捐助博物馆已成为美国的社会风尚和传统，如美国的大都会博物馆等原先都是私人博物馆，后移交给国家，受到相关法律的保护。

　　美国博物馆业的发展给我们的启示是：规范、保障、促进并发展我国的博物馆事业，立法工作是必需的。目前亟须出台一部中华人民共和国博物馆法，对博物馆藏品的征集、保管和利用等做出进一步的详细规范。

图片集锦

　　2007年6月26日，国家文物局副局长张柏出席我馆工会举办的职工艺术展。（图片提供：董涛）

　　2007年11月6日，我馆邀请中国当代世界研究中心研究员吴兴唐来馆作《携手共建和谐世界》的学术讲座。（图片提供：马先军）

2007 年 11 月 7 日，我馆组织全馆职工赴北京市消防教育培训中心进行消防演习培训。图为消防战士在为我馆职工讲解灭火知识。（图片提供：石周勋）

2007 年 12 月 6 日，我馆职工参观西柏坡纪念馆时听解说员讲解。（图片提供：曹靖）

2008 年 4 月 19 日，我馆职工参加国家文物局系统春季运动会时合影。
（图片提供：张晓奇）

2008 年 6 月 27 日，我馆组织职工参加国家文物局系统的第八套广播体操比赛。（图片提供：孟承光）

　　2008年7月10日，我馆举行新党员入党宣誓和老党员重温入党誓词仪式。（图片提供：张晓奇）

　　2008年9月，我馆组织职工赴革命圣地延安参观学习时留影。（图片提供：曹靖）

2008 年 10 月 30 日，由国际博协第 22 届大会筹委会北京办公室负责筹备和组织的国际博协第 22 届大会执委会第二次会议在北京举行。图为我馆副馆长安来顺在会上发言。（图片提供：马先军）

2009 年 9 月 21 日，我馆组织职工参加国家文物局系统的《祝福祖国》歌咏比赛。（图片提供：孟承光）

2009 年 10 月 12 日，我馆职工参观井冈山革命博物馆时留影。（图片提供：曹靖）

2009 年 11 月，我馆对六铺炕库房区的中控室进行了设备更新改造。图为设备更新后的中控室。（图片提供：范小渊）

2010 年 8 月，我馆职工参观红旗渠青年洞时留影。（图片提供：曹靖）

2010 年 10 月，我馆党总支书记黄元在讲党课。（图片提供：曹靖）